CÓMO DIBUJAR
ROSTROS

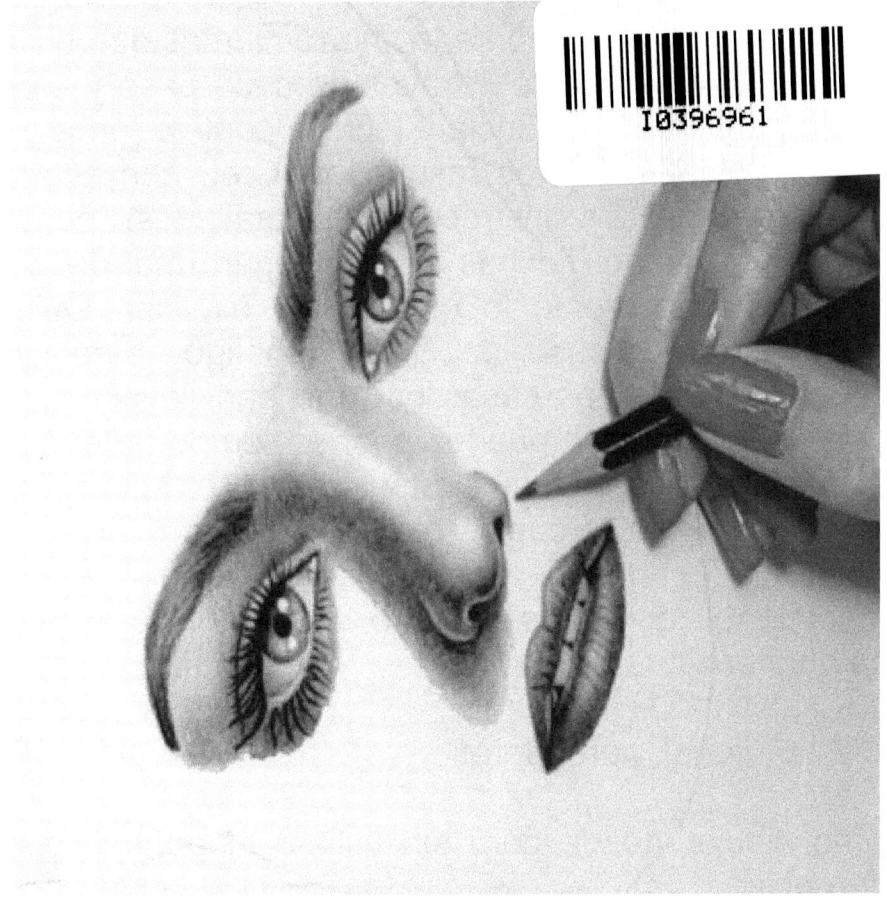

APRENDE A DIBUJAR PERSONAS DESDE CERO

PREFACIO

He creado este tutorial para artistas que desean mejorar sus habilidades de dibujo y aprender a hacer retratos realistas, utilizando las técnicas que proporcionarán los mejores resultados posibles.

Después del capítulo sobre las herramientas que utilizo y recomiendo, te guiaré a través de cada paso y capa, y compartiré mi experiencia y técnica contigo, para que puedas obtener mejores resultados. Creo que estarás satisfecho con las instrucciones detalladas, porque incluso he usado flechas para asegurarme de que entenderás fácilmente lo que quiero explicar. Quiero compartir mi proceso de dibujo contigo, para que puedas aprender las cosas que me han llevado años darme cuenta: ahora puedes ahorrar tiempo de estudio y comenzar a crear tus retratos a lápiz. Al seguir este tutorial, aprenderás cuáles materiales usar y explicaré porqué. También aprenderás cómo dibujar proporciones correctas y cómo sombrear para lograr una apariencia realista.

En este tutorial, aprenderás:

Cómo dibujar desde cero sin utilizar ninguna foto de referencia:

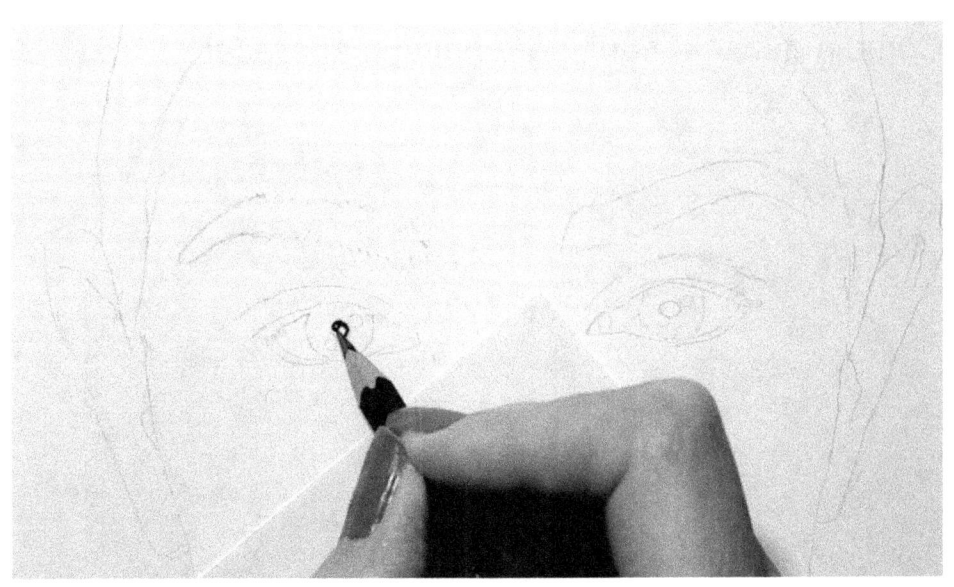

Cómo dibujar ojos realistas y hermosas cejas.

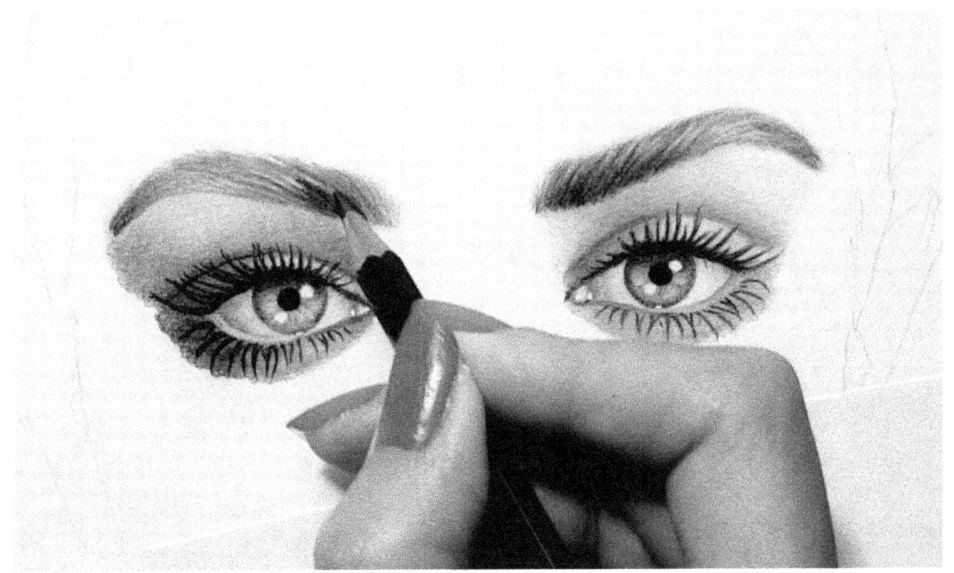

Cómo matizar la nariz para hacerla aparecer.

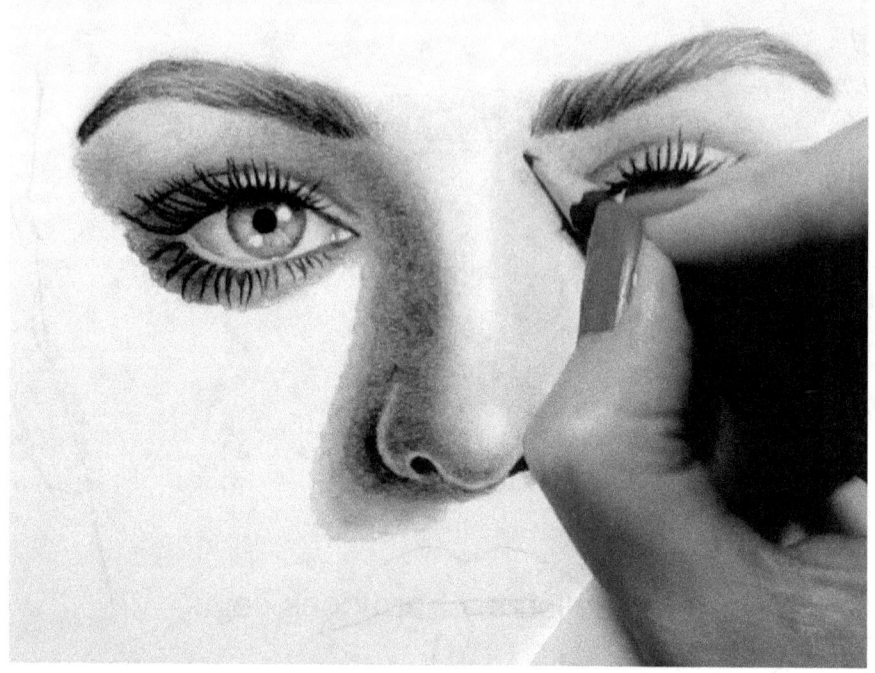

Cómo dibujar los labios y dientes.

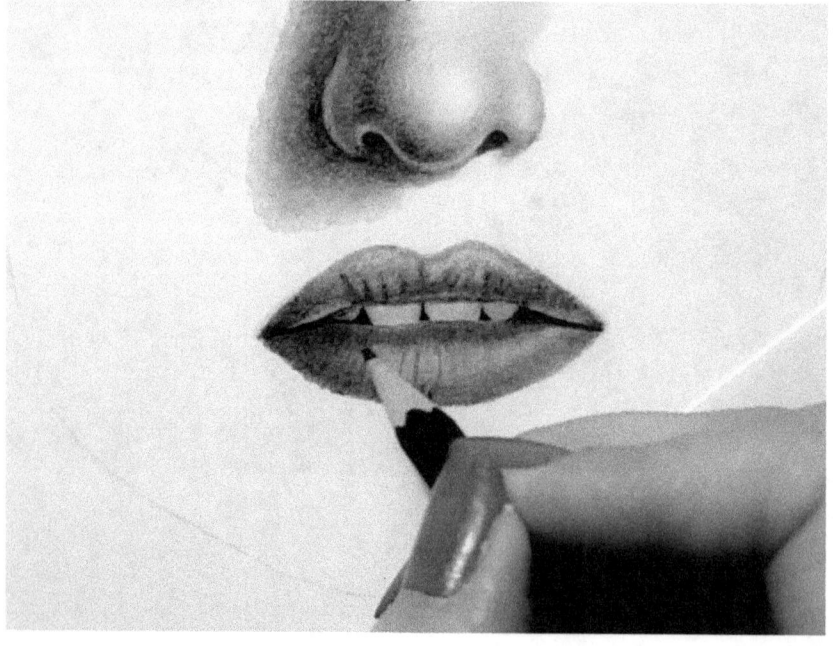

Cómo sombrear pacientemente la piel para suavizarla y lograr los mejores resultados.

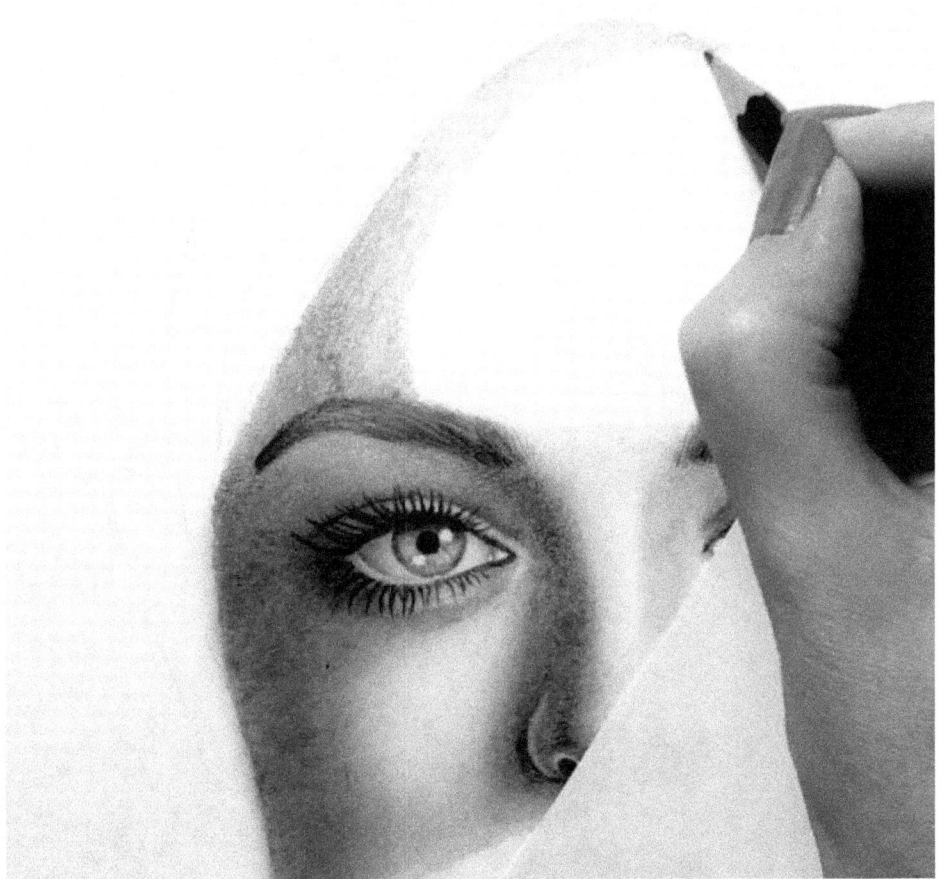

Y cómo dibujar pelo realista.

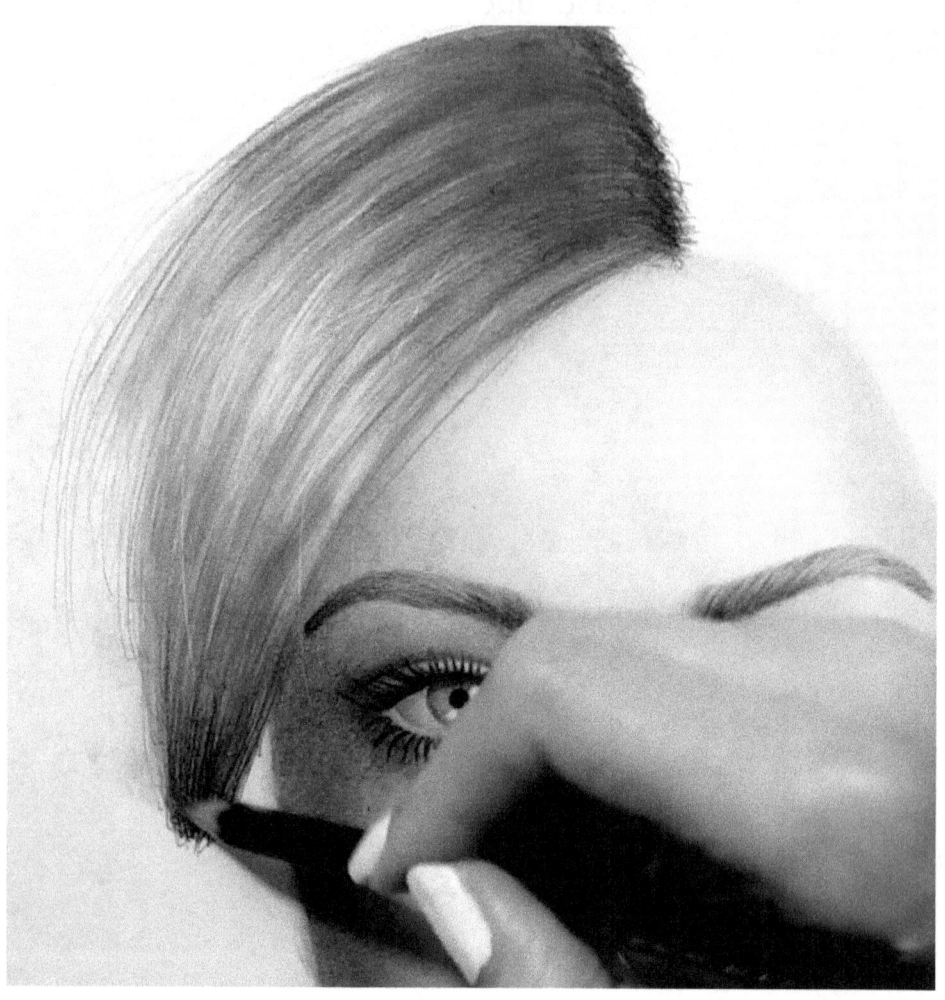

Si estás listo para esto, ¡comencemos con los materiales!

HERRAMIENTAS

En este capítulo, te mostraré lo que usaré para que puedas probar estos materiales. Estos suministros funcionan para mí, lo que no significa que funcionarán para ti. Por ejemplo, no uso el borrador amasado, pero deberías usarlo si te gusta este tipo de borrador. Es importante que sigas la técnica y el trabajo en cada paso, y puedes lograr lo mismo con diferentes herramientas. Debes experimentar con otras herramientas y ver cuáles te gustan más.

Mis materiales de arte

Para este dibujo, usaré Fabriano Bristol, formato de papel A4. Utilizo este papel para dibujos a lápiz de color y grafito. Este papel es muy grueso, suave, brillante y muy pesado. Su peso es de 250 gramos por m2, o 145 libras. Por lo tanto, es un papel muy bueno, grueso y duradero y funciona muy bien para mí. El único papel que utilizo para mis dibujos.

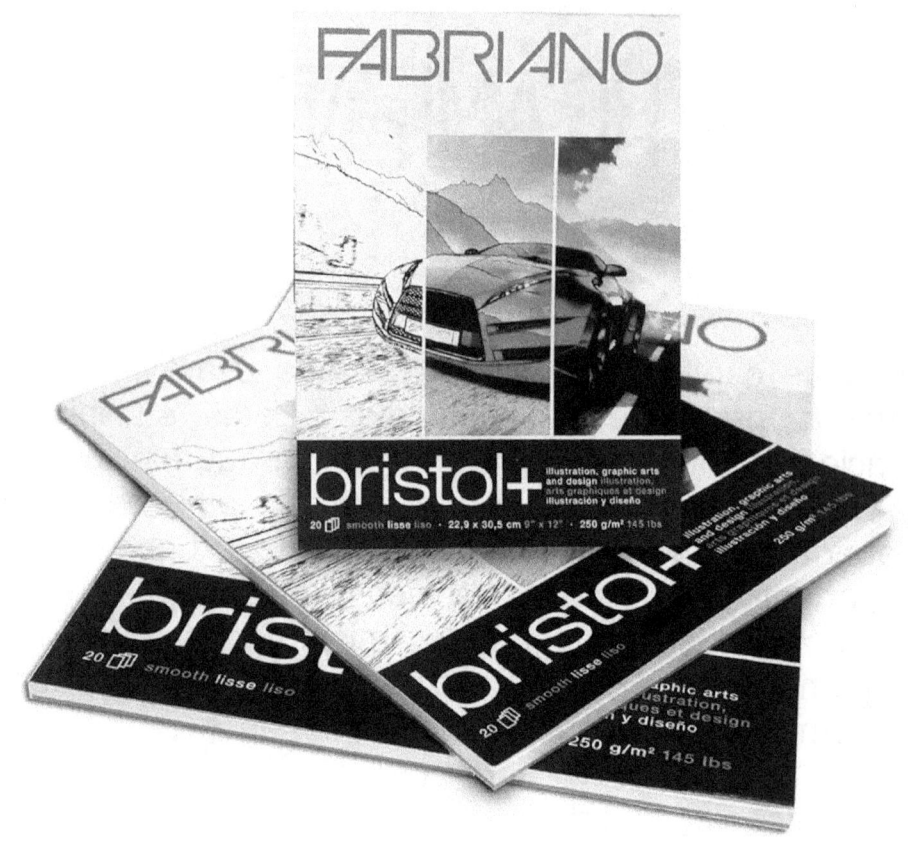

Lápices

Recomiendo comprar lápices de grafito de alta calidad, como el Castell 9000 de Faber-Castell que uso, o cualquier otra marca similar. Por ejemplo: Staedtler Mars Lumograph, Derwent Graphic, Prismacolor Premier Graphite Drawing Pencils, Caran D'ache Graphite Line, Faber-Castell Pitt, Koh-I-Noor Hardtmooth y Lyra Rembrandt Art Design.

En la siguiente imagen, puedes ver los matices de los lápices que tienen disponibles, pero no los necesitarás todos.

9H 8H 7H 6H 5H 4H 3H 2H H F HB B 2B 3B 4B 5B 6B 7B 8B 9B

Hardest   →   Medium   →   Softest

En realidad, solo tengo cinco lápices:

- Un 8B, que es muy oscuro. Lo uso para las áreas muy oscuras, negras, como la pupila y similares.

- Tengo un B, que todavía es bastante oscuro, pero no tanto como un 4B o más oscuro. Puedes tener incluso 2B, que es muy similar a un B, puedes ver que están uno al lado del otro en esta escala, por lo que no hay una gran diferencia. Además, no hay una gran diferencia entre 4B y 9B, así que es suficiente si solo obtienes uno de estos. Tengo 8B, pero puedes tener 6B o 7B para las partes que usaré 8B. Es importante tener uno más oscuro que un B.

- Para mí, lo más importante es un HB. Con este lápiz puedes reemplazar los matices de 3H a 2B cambiando la presión.

- Un 2H es muy bueno para crear una piel en movimiento circular, que te mostraré cómo hacerlo.

- Tengo uno que también es muy bueno para las áreas más brillantes de la piel.

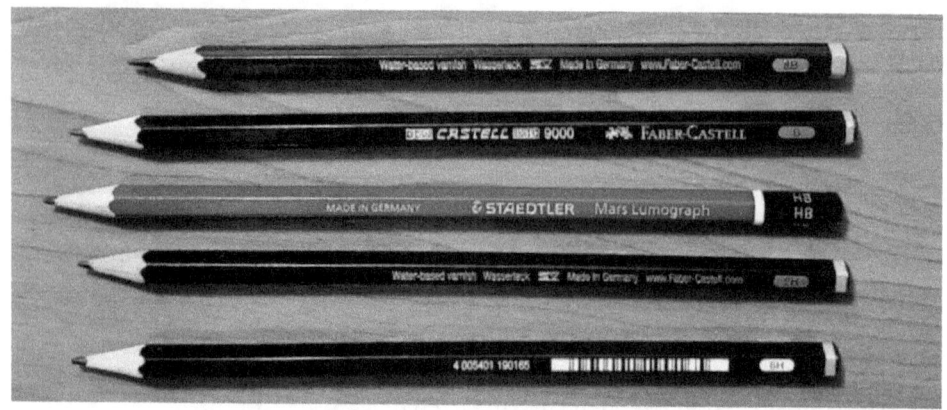

Además de estos lápices, tengo un lápiz mecánico, no tiene marca, es un lápiz mecánico simple. Usaré esto para el cabello. Tengo minas 2B y HB para este lápiz. Esta herramienta es muy buena para el cabello porque siempre puedes crear el mismo grosor de los pelos, no tienes que afilarlo. No lo recomendaría para la piel. Para la piel necesitamos punta muy plana y explicaré porqué.

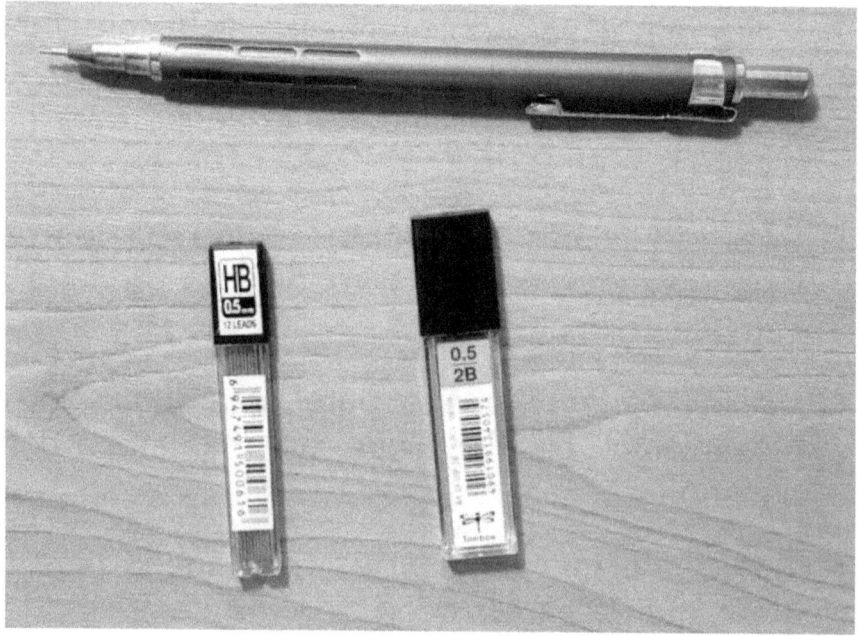

Tienes que tener algo para mezclar las áreas dibujadas. Tengo estos tocones de mezcla, en tres tamaños. Esta herramienta es muy barata. Puedes mezclar pequeñas áreas con él, no lo recomiendo para mezclar áreas más grandes, por ejemplo, la piel. Para la piel, vamos a utilizar un pañuelo de papel. Supongo que tienes pañuelos en casa, pero las almohadillas de algodón también son buenas. Pero incluso puedes usar papel higiénico o papel de cocina, lo importantes es que no esté mojado y ni tenga olor.

Además, los hisopos son muy importantes para mezclar áreas más pequeñas, como los lados de la nariz, que no es tan pequeño como para mezclar con el muñón. Siempre mencionaré cuál usaré en cualquier lugar, y siempre explicaré porqué.

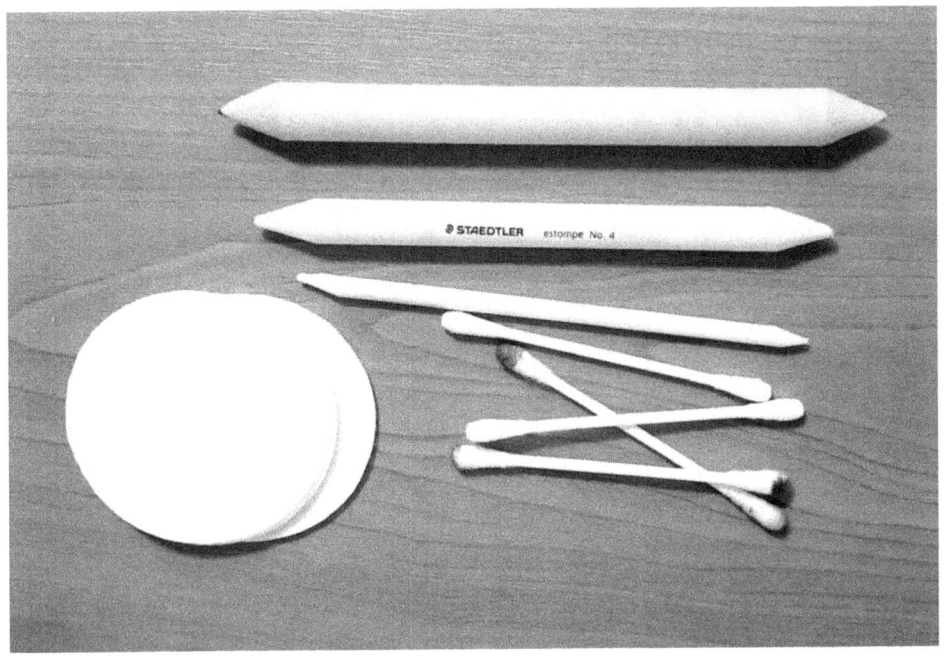

El borrador es muy importante, pero en realidad no utilizo ese popular borrador amasado. Utilizo un borrador de plástico simple y también tengo un borrador a lápiz de Faber-Castell, que tiene goma roja en un lado y goma blanca en el otro. También tengo un borrador mecánico de Tombow, que me permite crear un toque de luz muy pequeño. Tiene una goma recargable, redonda y muy práctica. Nos costó alrededor de $ 5 y puedes usarlo por mucho tiempo.

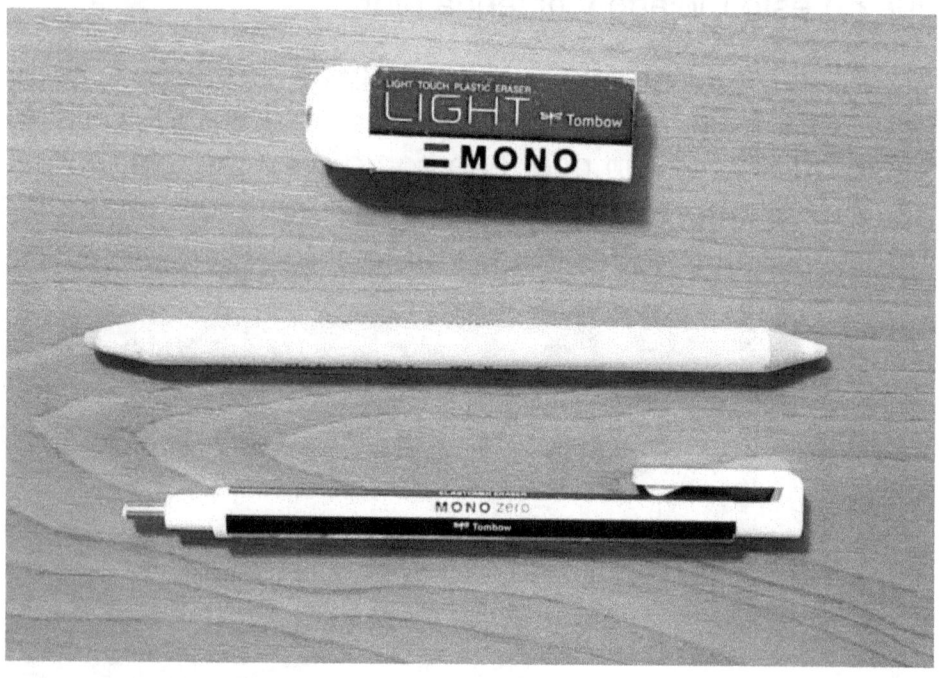

Cuando no puedas crear reflejos muy brillantes al borrar, recomiendo comprar una pluma de gel de tinta blanca o un marcador fino blanco de Uni Posca. Estos son opacos y puedes aplicarlos sobre el grafito, por ejemplo, para crear una parte brillante de los ojos, lo que sugerirá humedad o el ojo. También puedes resaltar los pelos y lo que quieras. Yo uso estos para mis dibujos a lápiz de color también.

Un bolígrafo de gel de tinta blanca cuesta aproximadamente $2, y un marcador blanco de Uni Posca sobre $3 o $4, y puedes tenerlos durante muchos meses.

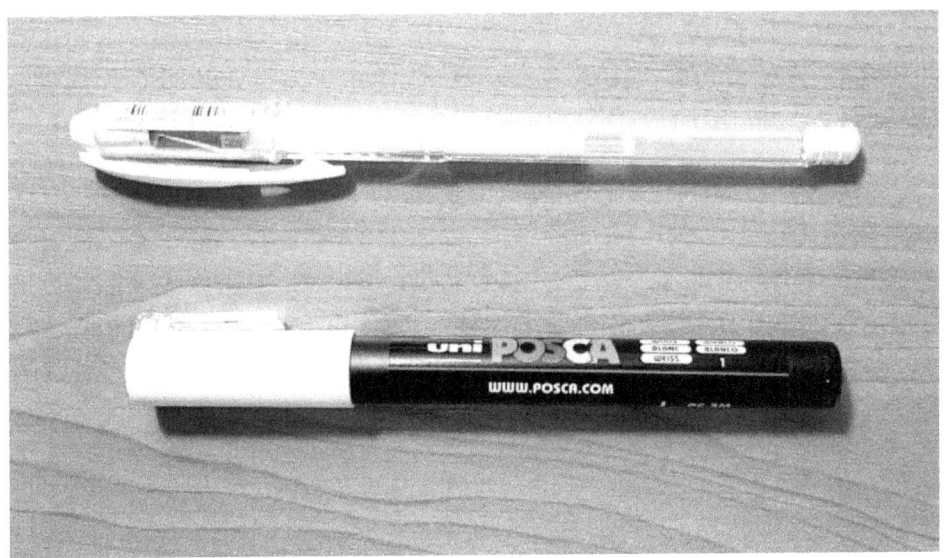

Y también necesitarás una regla para medir mientras dibujas.

BOSQUEJAR

Lo primero que debes hacer es decidir qué tan grande deseas la cara que vas a dibujar y decidir dónde deseas colocarla en tu hoja de papel.

Quiero la parte superior de mi cabeza a unos dos centímetros, casi 1 pulgada, de la parte superior, donde dibujé una línea horizontal y la llamé línea A. Luego, debes dibujar una línea horizontal más para determinar la posición de la parte inferior de la barbilla, la he llamado nombre línea B.

A

B

15

Lo siguiente es dibujar la línea horizontal exactamente en el medio. Para hacer eso, mide entre las líneas A y B; en mi caso, tiene 19,5 centímetros (aproximadamente 3,8 pulgadas), lo que significa que tengo que marcar 9 centímetros y 7 milímetros desde la parte superior, y hacer lo mismo en los lados izquierdo y derecho. Conecta estos dos puntos marcados y tendrás la línea C.

Las pupilas serán colocadas exactamente sobre esta línea C. Entonces, ahora ya sabemos dónde dibujar los ojos.

A

C

B

Ahora tienes que determinar el ancho de la cara. Toma

la medida que tomaste entre las líneas A y C, en mi caso es de unos 9,7 centímetros, o casi 4 pulgadas. Agrega solo un tercio de esta medida, a 9,7 centímetros, y obtendrás aproximadamente 12 centímetros, o 4 3/4 pulgadas. Ahora marca esta medida de 12 centímetros en algún lugar en el medio de esta línea C, y simplemente dibuja dos líneas verticales, que no tienen que ser estrictamente paralelas al borde del papel y entre sí, llamémoslas líneas D.

Ahora tenemos un marco para la orientación y sabemos dónde se ubicarán las pupilas.

Es hora de dibujar el contorno de la cabeza.

Comienza en la parte superior, pasa la línea A horizontal un poco, unos pocos centímetros, luego comienza a curvar la línea hacia abajo. Sugiero hacer líneas discontinuas primero, para ver si se conectarán con el punto entre la línea D y C. Este esquema no es tan importante porque vamos a dibujar pelo sobre esto, pero tenemos que tener algún boceto como guía. Entonces, esta línea no es el contorno para el corte de cabello, sino para el cráneo.

Luego puedes moverte a la mitad inferior del cuadro. Comienza en los extremos de tu contorno sobre la línea C, y ve hacia abajo creando una línea ligeramente curva. Aquí puedes hacer una variedad de líneas, ya que hay muchas formas de barbillas. Aquí también dibuja líneas discontinuas primero. Quiero dibujar una mujer, y las mujeres tienen una mandíbula fina y una barbilla más estrecha. Si quieres dibujar un hombre, puedes crear una barbilla más ancha. En la parte inferior de la barbilla, también sigue la línea B un poco horizontalmente, y luego comienza a curvarla hacia arriba, creando una línea discontinua para ver dónde terminará. Por lo tanto, la forma de la barbilla puedes ser la que quieras. No puedes fallar aquí; puede ser de forma dura, prolongada, ovalada, en forma de corazón, pero lo que he dibujado es la forma más común de las mujeres. No debes hacer que todo sea simétrico, alguna imperfección hará que tu dibujo se vea más natural, porque las caras no son simétricas, así que trata de evitar eso.

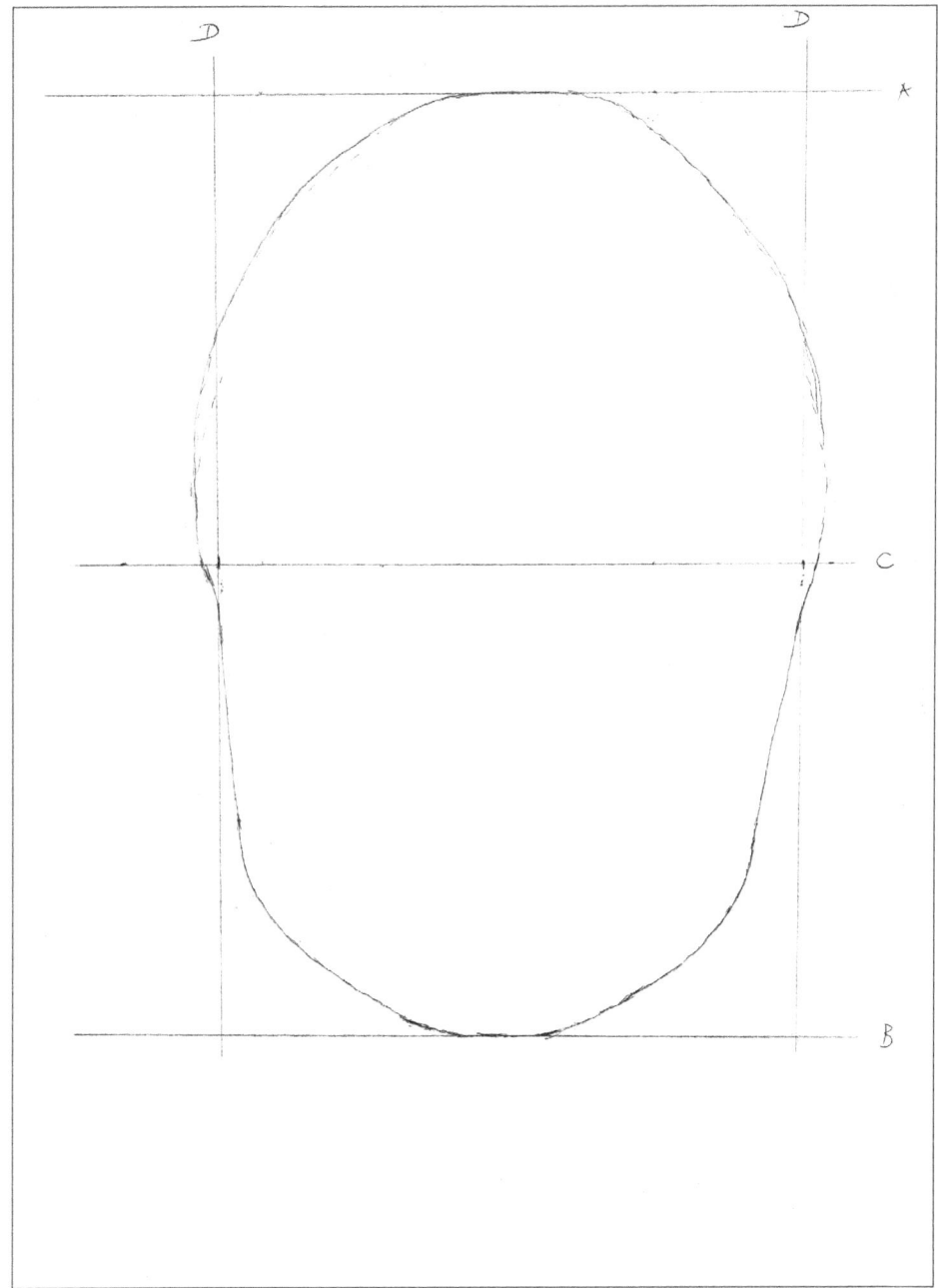

Como siguiente paso, dibujemos la línea entre el cabello y la piel de la frente. También se puedes dibujar en cualquier lugar. Hay frentes pequeñas y grandes, por lo que en realidad no lo puedes "hacer mal". He dibujado mi contorno a 2 centímetros desde la parte superior de la cabeza, de la línea A.

Como lo hiciste al delinear la cabeza, puedes hacer lo mismo aquí. Dibuja un poco horizontalmente, y luego comienza a hacer la línea más curva y dibuja hacia el punto de cruce entre las líneas D y C, como se muestra en la siguiente imagen.

No tiene que ser perfecto, pero necesitamos esta línea para medir la posición de los rasgos faciales en los siguientes pasos.

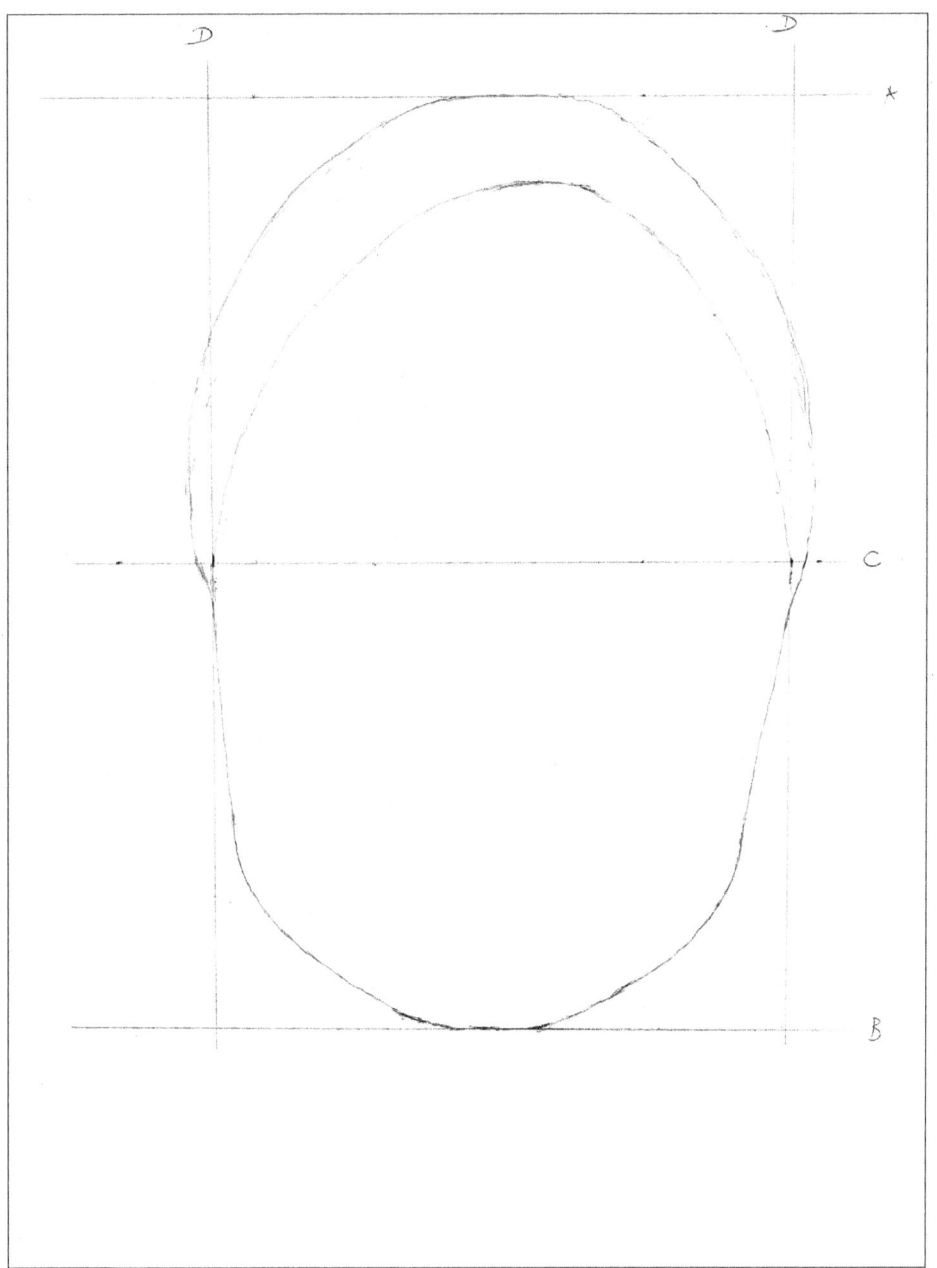

23

Lo siguiente que debes hacer es dividir esta altura horizontal de la cara, comenzando desde la parte superior de la frente (no la cabeza) hasta la parte inferior de la barbilla, en tres partes iguales. Tengo una altura de 17,5 centímetros, por lo que tengo que medir desde la parte superior entre el cabello y la frente bastante por encima de 5,8 cm. Puedes medir en pulgadas, solo divide la altura que obtienes entre 3. He nombrado la línea discontinua en la parte superior de la frente M1.

Entonces, de la línea M1 a la siguiente, la línea M2 está a 5,8 cm de distancia. Esta línea M2 discontinua se encuentra justo encima de las cejas.

Usa la misma medida para determinar la posición de la línea discontinua M3, que se encuentra justo debajo de la parte inferior de la nariz y las orejas.

La última, la línea M4 es la línea B al mismo tiempo.

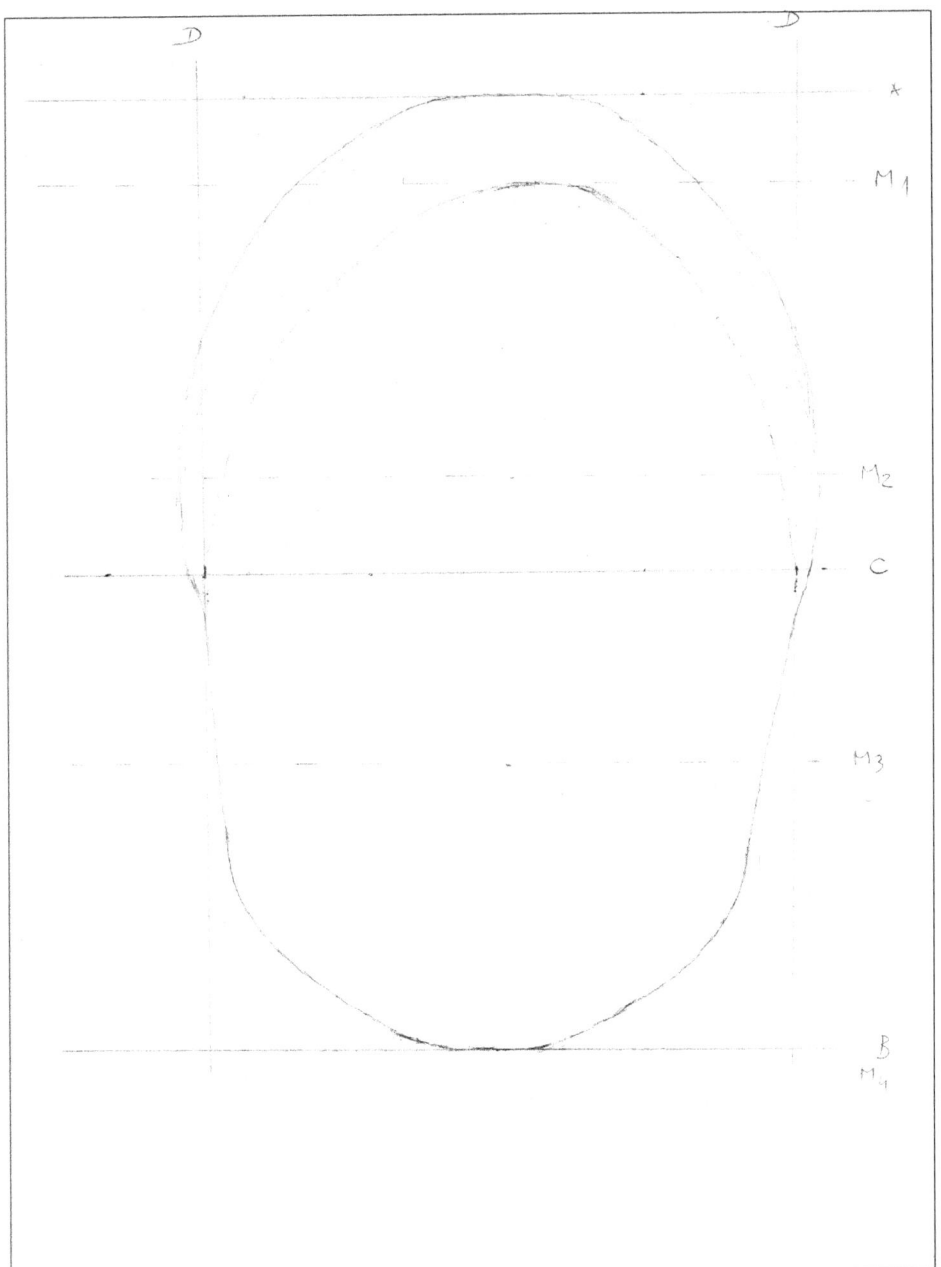

D   D

A

M_1

M_2

C

M_3

B

M_4

Ahora podemos dibujar las orejas. La línea superior de las orejas es M2 y la línea inferior es M3, por lo que debes dibujar las orejas en este espacio. Por supuesto, en todos los casos no es lo mismo, así que puedes dibujar orejas más grandes o más pequeñas; Más cerca o más lejos de la cara.

La parte superior de la oreja también puede ser de cualquier forma, solo dibújala un poco más lejos de la cara que el área inferior de la oreja, que debe acercarse más de la cara.

Dibujaré el pelo sobre las orejas, pero solo quiero mostrarte dónde tienes que colocarlo, si lo quieres dibujar, y te mostraré cómo sombrearlo.

Entonces, dibuja una línea curva debajo de la línea M2, y comienza a curvarla hacia abajo. Esta línea larga puede ser paralela al contorno de la cara. Luego solo curva hacia la cara derecha sobre la línea M3. Agrega algunos detalles dentro de esta área como se muestra en la siguiente imagen.

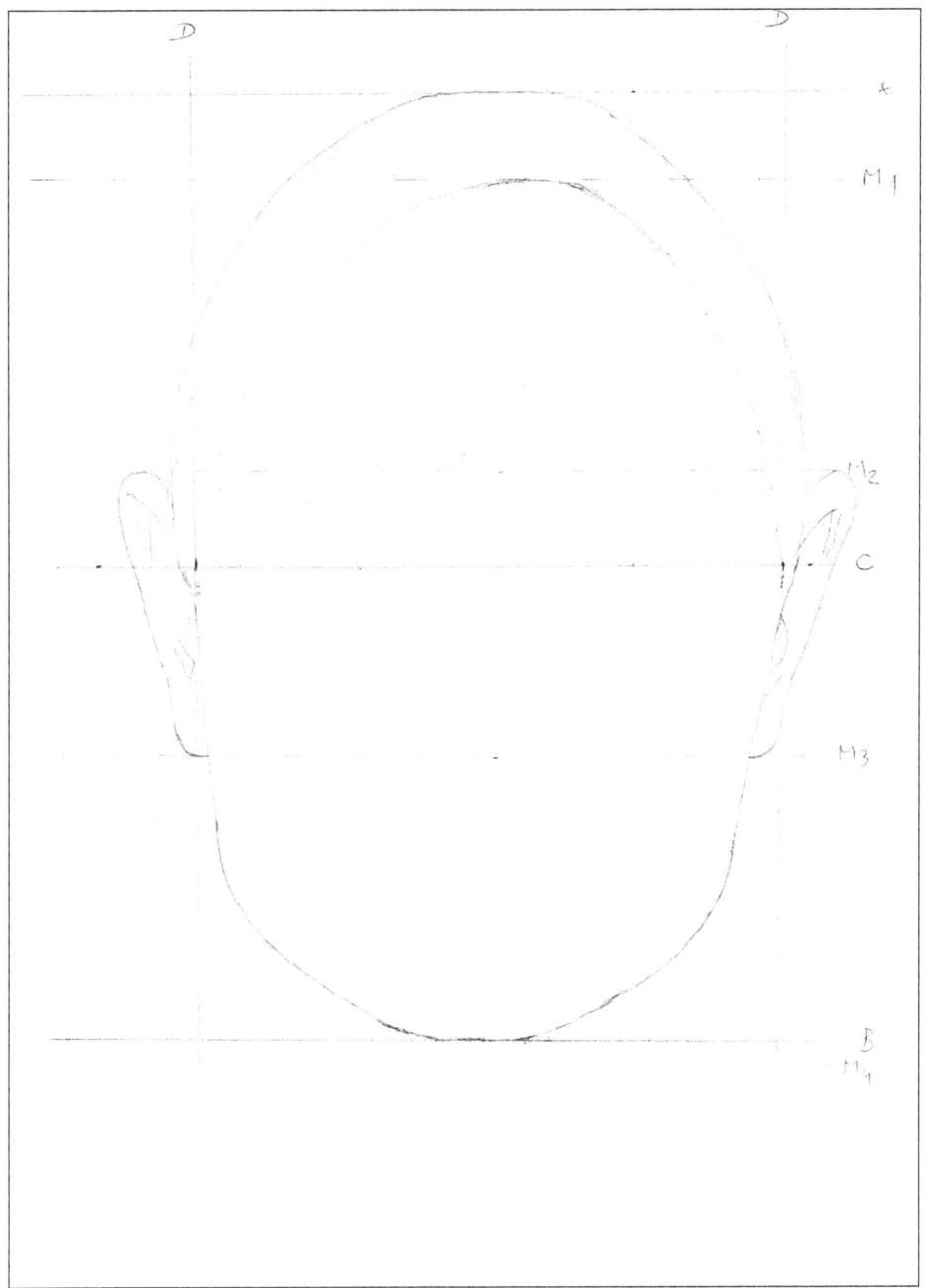

Para determinar la posición de los ojos, tenemos que dividir la línea C en cinco partes iguales, y también tenemos que medir los oídos. Entonces, mi línea C tiene aproximadamente 15 centímetros de largo, por lo que he hecho un área de tres centímetros de ancho. Por supuesto, no tiene que ser exactamente 3 cm, sino aproximadamente. He dibujado líneas verticales y discontinuas para dividir estas áreas, para mostrarte dónde dibujar los ojos. Puedes dibujar estas líneas sobre el papel, porque de todos modos tendrás que trazar estos contornos en una hoja de papel limpia. El papel en el que estás dibujando ahora, se ensuciará y se dañará al borrar.

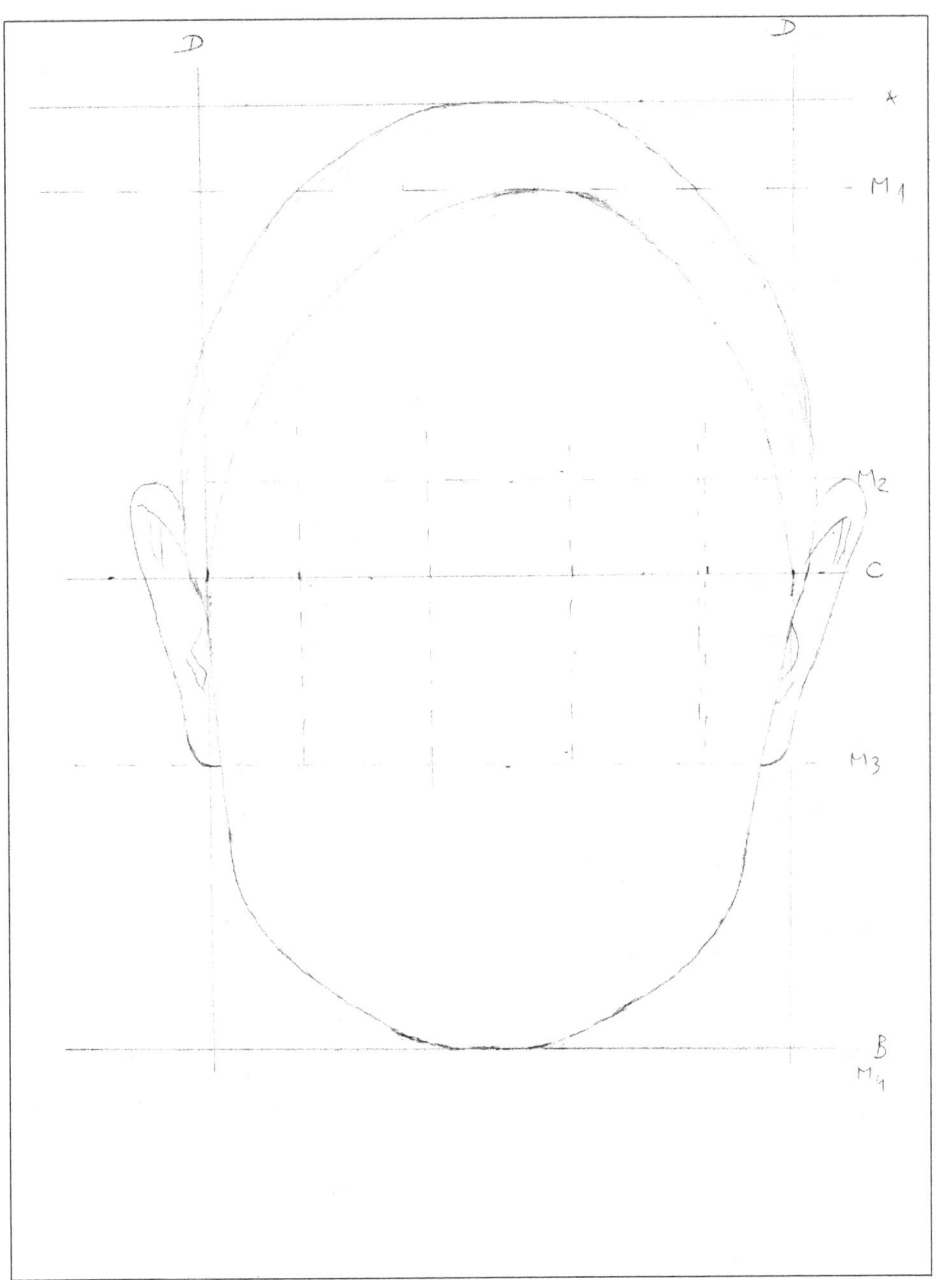

Ahora que tenemos estas cinco áreas iguales, comencemos con las pupilas en la segunda y cuarta áreas sobre la línea C. Dibuja pequeños círculos para las pupilas, y dibuja el iris alrededor de ellos. No tienes que dibujar el área superior de los límites del iris, sino cubrirla con los párpados superiores.

El ancho del ojo debe caber entre dos líneas verticales discontinuas, en la segunda y cuarta áreas, contando desde la izquierda.

Dibuja las esquinas exteriores, que deben colocarse justo sobre la línea C, pero las esquinas interiores deben colocarse un poco debajo de la línea C. Estudia la siguiente imagen antes de dibujar tus contornos. Dibuja los párpados inferiores justo debajo de los iris y haz que esta línea sea menos curva que la línea del párpado superior. La forma del ojo también puede ser diferente. Dibuja el pliegue también, es una línea sobre el párpado superior, paralela a él.

Crea un reflejo de luz donde quieras sobre el iris o la pupila. He marcado dos, uno en el área superior derecha del iris y otro en el área inferior izquierda del iris. Donde sea que dibujes estos reflejos de luz, asegúrate de dibujar lo mismo en ambos ojos. Además, marca el conducto lagrimal en las esquinas internas de los ojos. Entonces, en realidad, entre los dos ojos deberíamos tener el ancho de un ojo, así que esa es una regla importante a tener en cuenta al dibujar retratos. Como siempre, hay una excepción donde la distancia puedes ser un poco más pequeña o más grande.

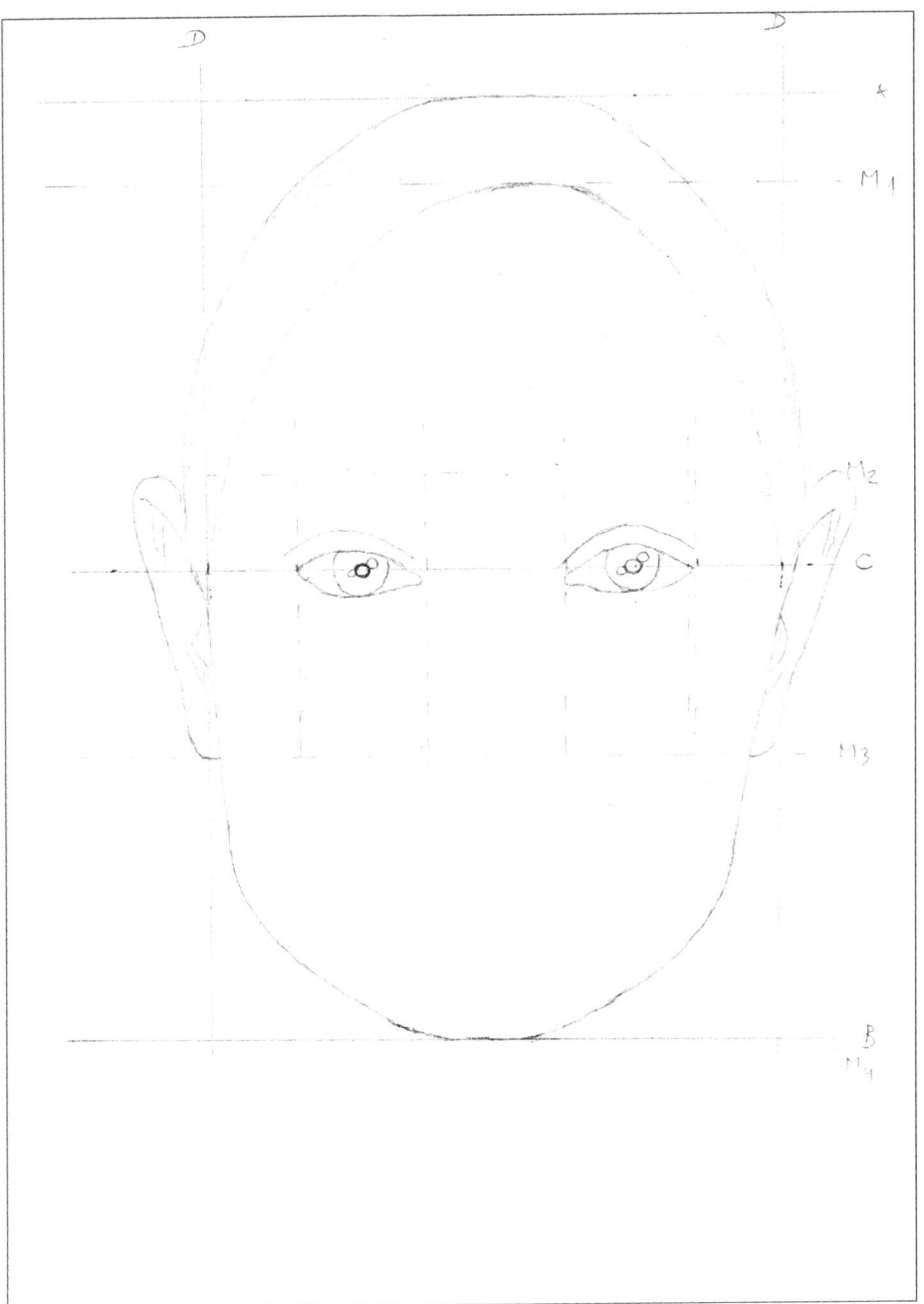

31

La línea M2 generalmente se encuentra justo encima de las cejas, por lo que puedes ayudarte a determinar la posición de las cejas. Quería dibujar cejas femeninas, que son un poco arqueadas en la parte resaltada del área inferior de la frente, al lado de la sien. Entonces, ese lado, en mi caso, pasa un poco sobre la línea M2.

Si dibujas un retrato masculino, dibújalos justo debajo de la línea m2.

Tus cejas no tienen que ser de la misma forma que las mías; hay una gran variedad de formas y tamaños que puedes elegir en lugar de estos. Trata de hacerlos iguales, pero no absolutamente simétricos. Las cejas suelen ser más gruesas al lado de la nariz, y más delgadas al lado de la sien, por lo que debes pensar en esto al delinear las cejas.

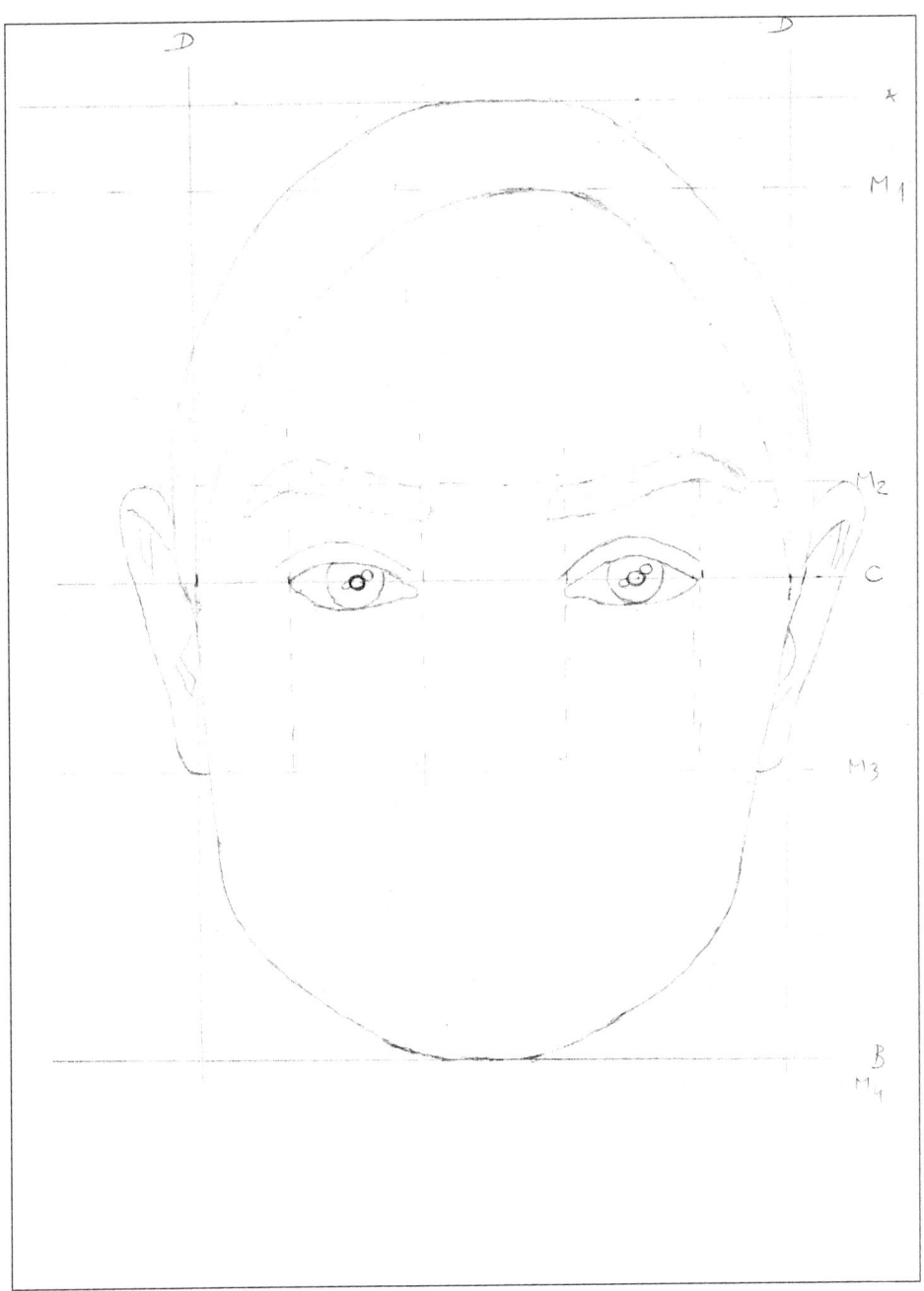

33

La parte inferior de la nariz debe colocarse justo debajo de la línea M3, pero la parte superior puede alcanzar un poco debajo de esta línea.

Los bordes de las fosas nasales se colocarán justo debajo del conducto lagrimal, para encajar en el área media de esas cinco partes iguales que dividimos con líneas verticales discontinuas. Estas dos líneas discontinuas pueden ayudarte a colocar la nariz dentro de esta área.

Delinea también las fosas nasales, y como la nariz contiene tonos en su mayoría, solo tenemos que determinar la posición de las fosas nasales, los bordes y la parte inferior de la nariz.

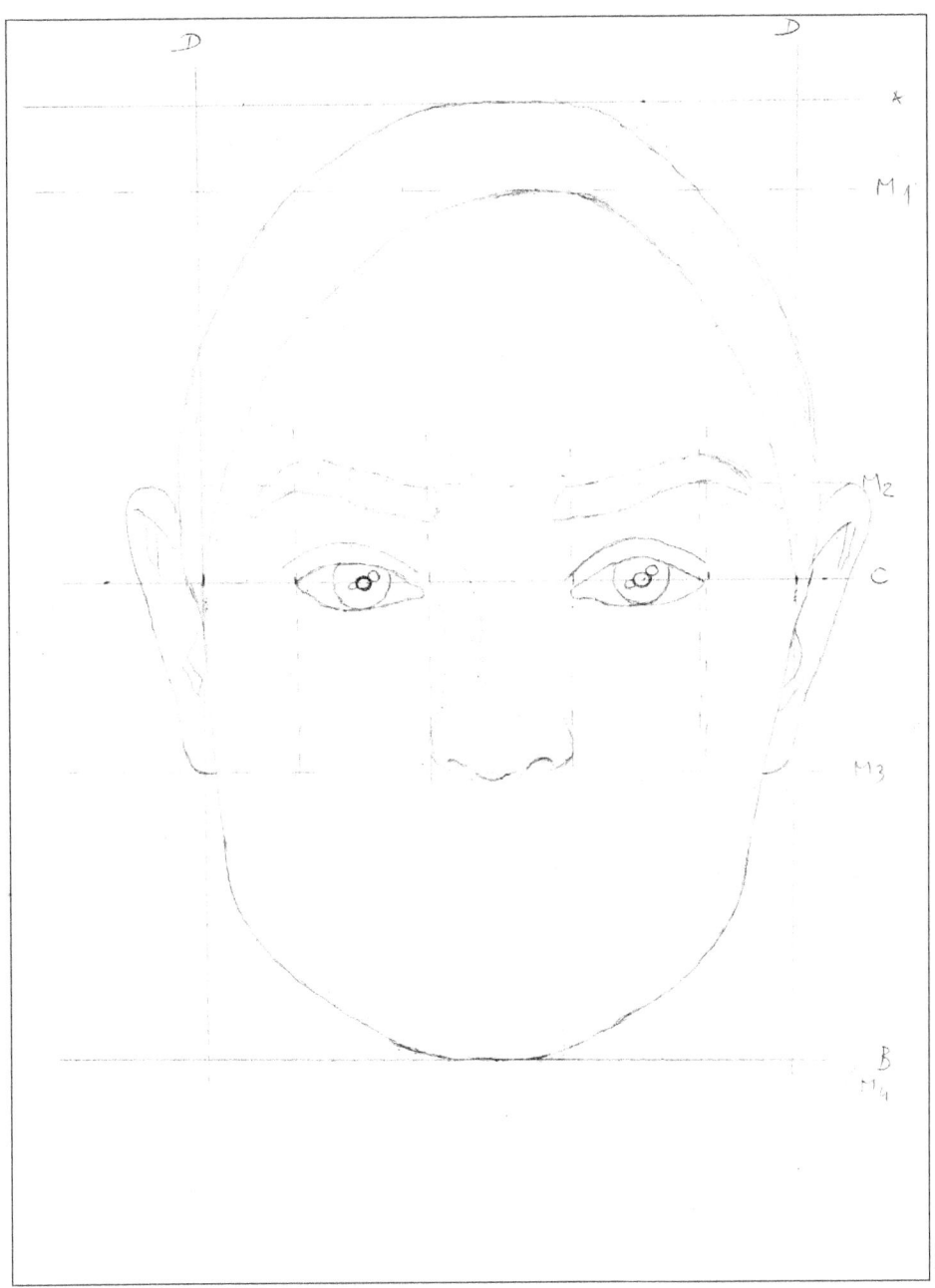

35

Por último, determinar la posición de los labios. Las esquinas de los labios deben colocarse debajo de las pupilas o el límite interno del iris, quiero decir, en la misma línea vertical.

Puedes crear cualquier forma para los labios, por lo que cualquier cosa puede ser buena. Hay muchos tipos de labios. Puedes dibujar labios más llenos o más finos. Quería dibujar un poco de los dientes para mostrarte cómo dibujar los dientes. El labio inferior debe colocarse exactamente en el medio, entre la parte inferior de la nariz y la barbilla.

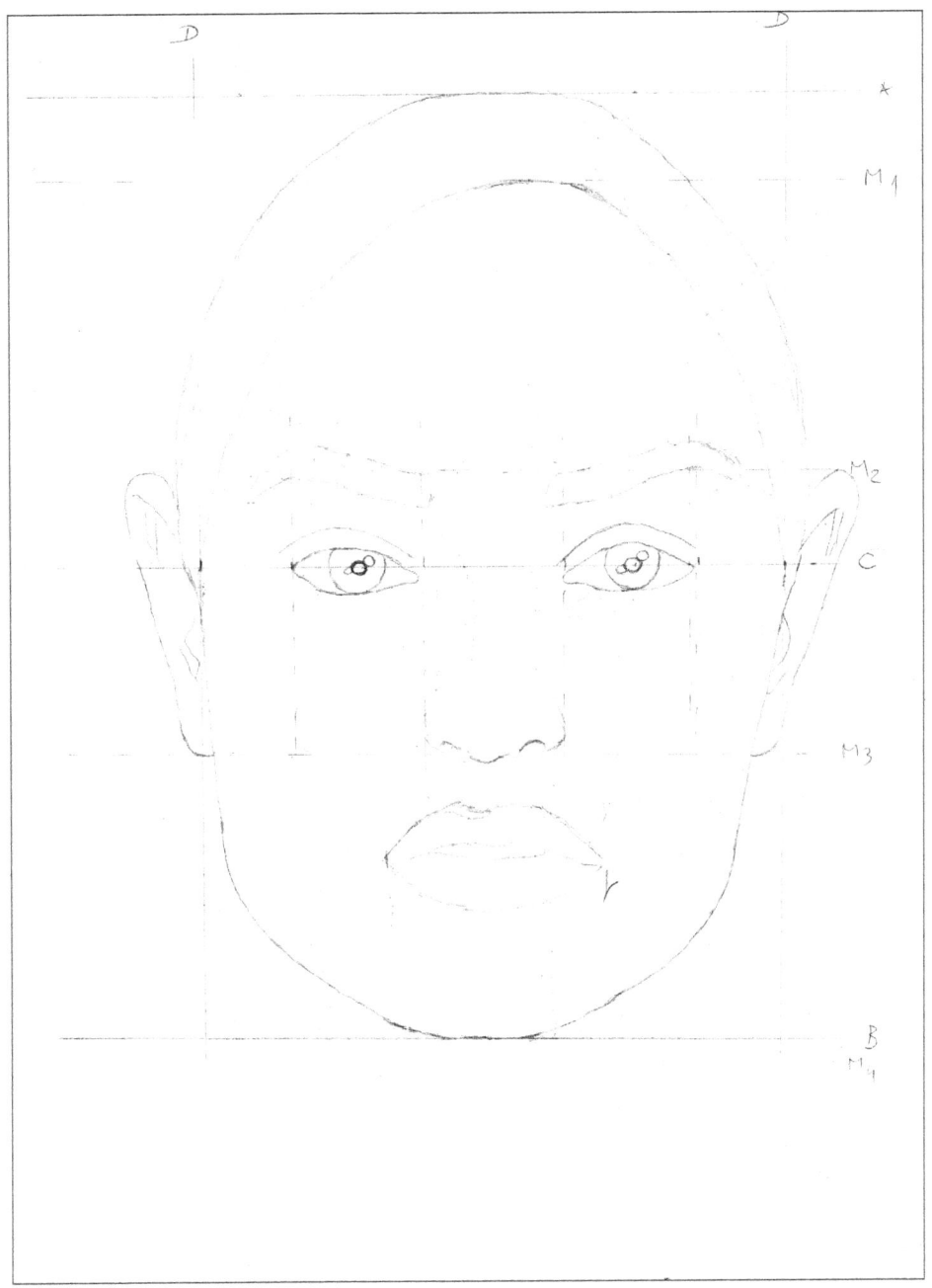

Ahora puedes borrar las líneas de la cuadrícula y dibujar sobre este papel, o trazar este contorno en otra hoja de papel. Aquí puedes cambiar lo que desees y agregar algunos detalles, pero, por supuesto, se puede cambiar durante el progreso del dibujo. Dibujé mi boceto en un pedazo de papel limpio, ya que mi papel se dañó al borrarlo. He omitido algunas líneas que no son necesarias, que eran líneas dobles ya que estaba tratando de encontrar la posición correcta. Entonces, dibuja solo las líneas que necesitas. Ahora puedes comenzar a usar un pedazo de papel o un pañuelo para sostener su mano, para evitar el contacto directo entre la piel y el papel. Esto también evitará manchas en las áreas ya dibujadas y sombreadas. Entonces, concentrémonos en una sola característica facial a la vez. Empecemos por los ojos, que son la característica facial más importante. Puedes dibujar los ojos uno por uno o, como yo, ambos al mismo tiempo.

Usando un 8B, o cualquier otro lápiz más oscuro que 4B, llena las pupilas. las pupilas pueden ser más grandes, más pequeñas; dibújalas como quieras. He elegido un tamaño normal. Un 8B es un lápiz muy oscuro, que es lo que necesitamos para las pupilas. Siempre usaré un 8B para los tonos más oscuros a lo largo de este tutorial, porque solo tengo este 4B-9B, pero como mencioné en el capítulo "Herramientas", puedes usar cualquier otro entre los tonos más oscuros. Dibuja las pupilas con cuidado con un lápiz bien afilado para mantener los círculos perfectos y rellenar el papel por completo. En la siguiente imagen puedes ver mi dibujo y pupilas recién dibujadas, pero encontrarás las imágenes ampliadas en los siguientes pasos, para que puedas ver mejor los detalles.

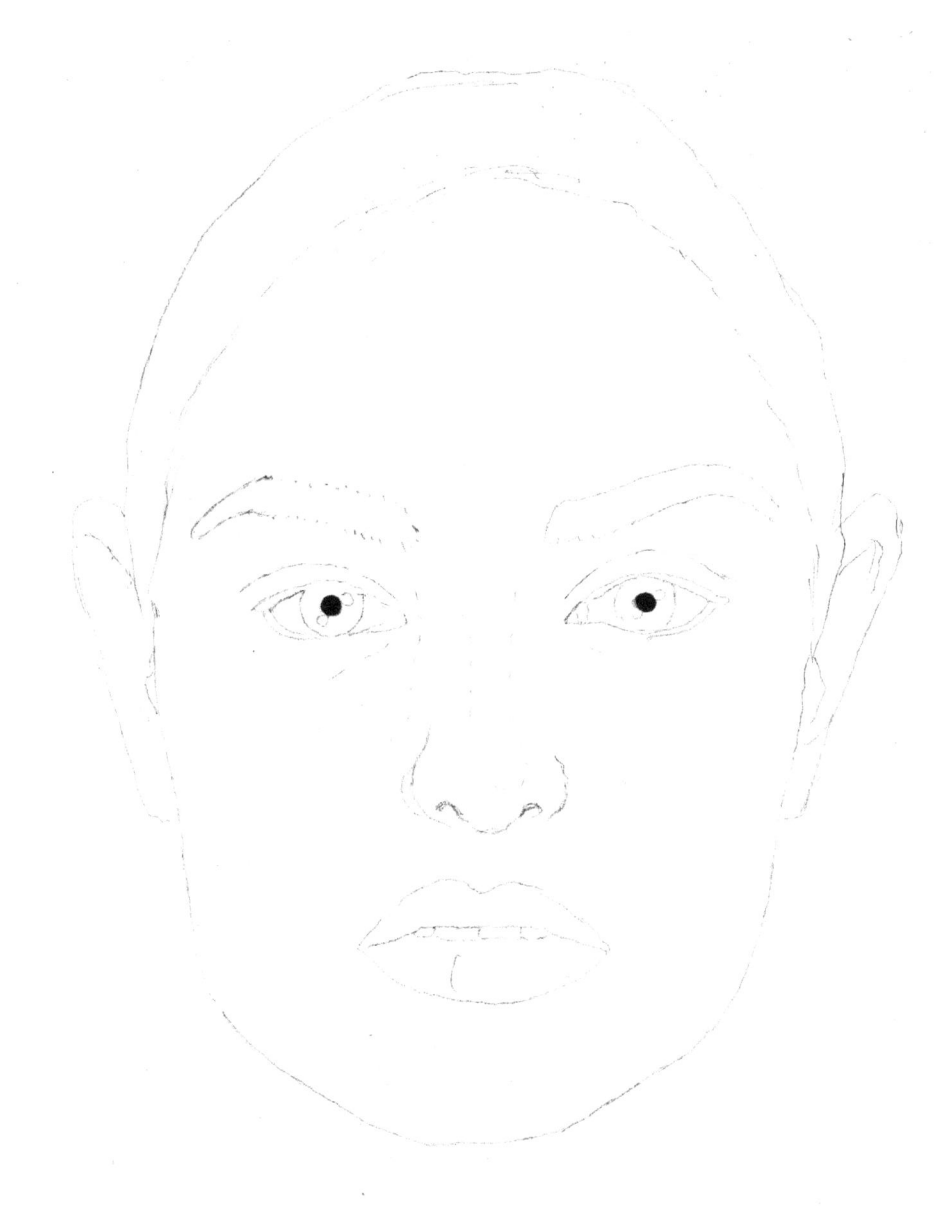

Lo siguiente que vamos a delinear es simplemente el límite del iris. Usa un lápiz B para esto. Debe ser un lápiz muy afilado. Haz un contorno de aproximadamente un milímetro de grosor, si dibujas en el tamaño de papel A4, como yo. Presiona ligeramente en el área más baja y presiona más fuerte debajo del párpado superior. Intenta conservar el círculo redondo perfecto del límite del iris, incluso si no has dibujado un círculo perfecto o crees que no es bueno, aquí puedes mejorar. Por lo tanto, el boceto es importante, pero no tan importante como sombrear y resaltar. No olvides saltarte la parte superior del iris, ya que queremos que se cubra con el párpado superior. El área superior debe ser siempre mucho más oscura que el área inferior.

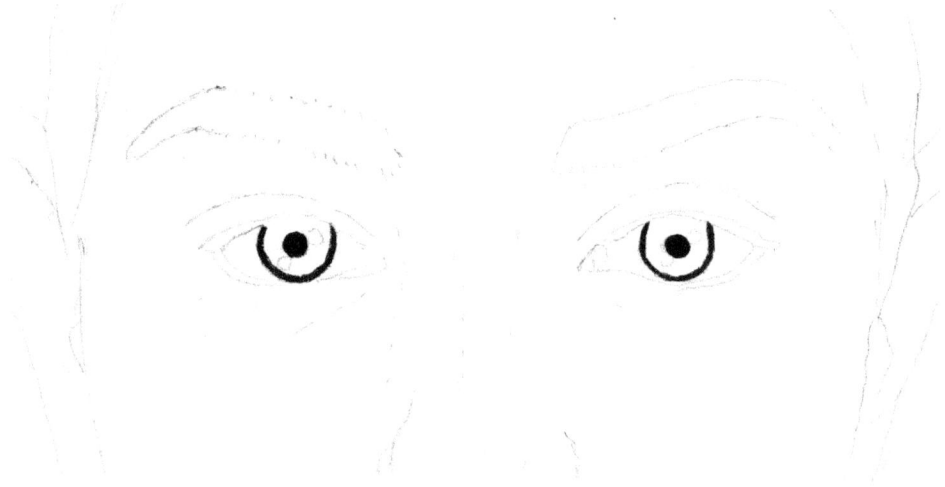

Crea la sombra sobre las áreas superiores del iris que proyecta el párpado superior. Usa un lápiz B para esto y presiona muy fuerte. Esta sombra proyectada debe ser grande, incluso puedes llegar a la pupila, depende de muchas cosas. No olvides omitir los reflejos de la luz, si has creado algunos, y simplemente dibuja alrededor de ellos. Siempre estudia la imagen que sigue a las instrucciones para ver lo que quiero explicar antes de comenzar a dibujar el paso.

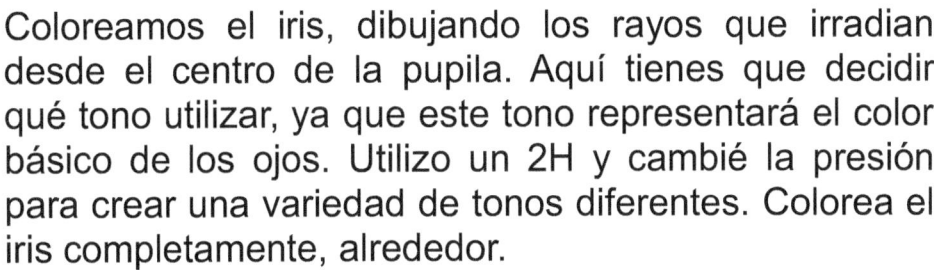

Coloreamos el iris, dibujando los rayos que irradian desde el centro de la pupila. Aquí tienes que decidir qué tono utilizar, ya que este tono representará el color básico de los ojos. Utilizo un 2H y cambié la presión para crear una variedad de tonos diferentes. Colorea el iris completamente, alrededor.

Presiona un poco más fuerte al lado del límite del iris y, por supuesto, omite la luz reflejada, donde sea que la hayas dibujado, simplemente dibuja alrededor. Además, presiona más fuerte en el área superior, porque siempre está menos iluminada; o incluso mejor, usa un HB. Si has exagerado con el sombreado, o el iris es demasiado oscuro, simplemente puedes eliminarlo con un borrador; siempre puedes iluminar si lo has puesto demasiado oscuro. Puedes agregar muchos más detalles, pero este es un dibujo bastante pequeño, no tiene sentido agregar detalles tan pequeños. Tengo un tutorial sobre un solo ojo, que es un ojo bastante grande, y podría ir mucho más en los detalles, así que puedes verlo.

Puedes ver en la siguiente imagen que al dejar fuera el área para reflejar la luz hace que los ojos se vean brillantes.

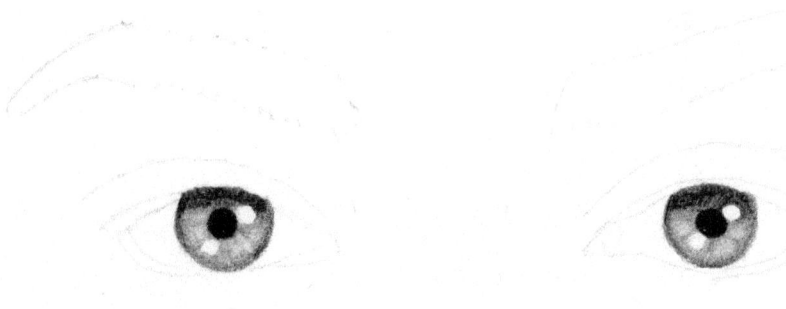

En este retrato, todo debe ser de color excepto los reflejos de luz. Por lo tanto, tenemos que sombrear el blanco de los ojos también. Tenemos que determinar de dónde viene la fuente de luz. Quiero que venga de la esquina superior derecha del papel, y tenemos que sombrear todo el dibujo de acuerdo con esto. Sombrea la esclerótica (el blanco de los ojos) usando 2H en las esquinas del lado izquierdo. Estas áreas tienen que ser las más oscuras porque no reciben mucha luz. Es la llamada autosombra. Usa movimientos circulares, presionando suavemente y mezclándolo con un hisopo o un tocón de mezcla, pero usa una punta limpia, no la que ya usaste antes para sombrear.

Crea la sombra proyectada debajo del párpado superior

de la misma manera. Este sombreado sugerirá la redondez del globo ocular, por lo que solo tenemos que improvisarlo creando una transición de gradiente entre los tonos.

Sombrea menos en las esquinas de los lados derechos, pero crea una sombra más fuerte que se proyecta en el párpado superior, porque aquí las pestañas son más densas. No te olvides de sombrear los conductos lagrimales también con 2H y mezclarlos con un muñón mezclador. No tienes que presionar demasiado, sino lo suficiente para progresar lentamente. Presiona menos, y verás si tienes que sombrearlo más. Solo repítelo una y otra vez hasta que logres un muy buen tono. En realidad, verás al final del dibujo, cuando todo haya terminado, si necesitas sombrear la esclerótica más. Pero por ahora, sombréala normalmente.

Sombrea el grosor visible de la piel del párpado inferior también, utilizando un muñón de mezcla que ya usaste para sombrear algunas áreas más oscuras, de modo que tenga algo de grafito en la punta.

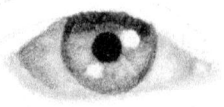
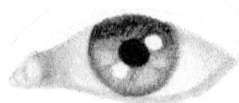

Antes de comenzar a dibujar las pestañas, vamos a sombrear la piel alrededor de los ojos, porque las pestañas deben aplicarse después de eso.

Primero, usa un HB para oscurecer el pliegue.

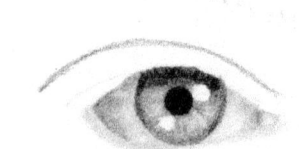
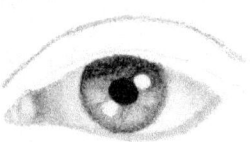

Ahora comienza a sombrear la piel alrededor de los ojos antes de aplicar las pestañas. Entonces, si tenemos nuestra fuente de luz que viene de la esquina superior derecha, el ojo izquierdo debería estar un poco más oscuro en todas partes.

Vamos a sombrear las áreas de la izquierda primero, entre el ojo y el pliegue. De esta manera, puedes comprender que el lado izquierdo siempre es mucho más oscuro que si se enfocara en un ojo a la vez.

Usa un lápiz B para el ojo izquierdo y un HB para el ojo derecho. Comienza en el lado izquierdo (arriba de la esquina exterior y encima del conducto lagrimal). Dibuja los trazos hacia el área central presionando con fuerza en el lado izquierdo y liberando la presión a medida que dibujas hacia los resaltes en el centro.

Mezcla todo esto con un hisopo. Siempre puedes agregar más sombra si es necesario. Cada vez que mezclas, eliminarás un poco de grafito, así que vuelve a sombrear lo que hayas eliminado.

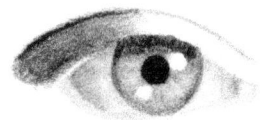 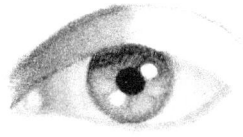

Haz lo mismo, pero a partir de los lados derechos. Usa un HB para el ojo izquierdo y 2H para el ojo derecho, y también libera la presión a la medida que alcanzas el área media, los reflejos, en algún lugar en el centro, sobre el iris. Sombrea también los reflejos, pero usa un 6H, presiona ligeramente y mezcla con un hisopo limpio. Tenemos que sombrear incluso las zonas más brillantes. Incluso si algún área es bastante brillante, no debes pensar que no tiene sombra.

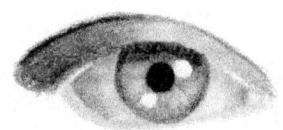 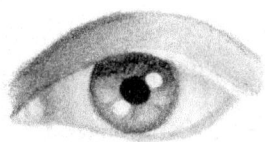

Usa un 4B para reforzar el pliegue izquierdo, porque probablemente hayas eliminado un poco de grafito con un hisopo, así que aplícalo nuevamente. El pliegue sobre el ojo izquierdo debe ser mucho más oscuro que el pliegue sobre el ojo derecho.

Para el pliegue correcto, usa un HB para fortalecerlo. Además, refuerza el contorno inferior de las cejas, para que puedas tenerlas más visibles.

Vamos a sombrear el área entre el pliegue y las cejas

primero. Tenemos que sombrear esta área también antes de las pestañas porque podemos dibujar quizás pestañas más largas, pero algunas de ellas definitivamente alcanzarán esta área. Por lo tanto, podemos crear toda la piel, la parte más dura. Comienza sobre el área izquierda del ojo derecho, usando y HB, movimientos circulares todo el tiempo. No presiones demasiado, trata de progresar lentamente. Por lo tanto, esta área, sobre el conducto lagrimal, debe estar un poco más oscura que el área siguiente, o cerca de la sien; esa es un área muy resaltada. Por supuesto, en el caso del ojo izquierdo, esa área debe estar en la sombra. Presiona más fuerte al lado de la línea de pliegue para realizar esa transición de gradiente entre el pliegue y el tono de la piel, con movimientos circulares. El *circulismo* es lo mejor para la piel. Vamos a hacer mucho de esto más tarde, cuando vayamos a sombrear completamente la piel. No recomendaría el uso de trazos o escotillas cruzadas para la piel. Pero, claro, hay quienes les gusta dibujar así. Pero ese es un tipo de dibujo diferente al que estoy acostumbrada a crear.

Mezcla el área con un hisopo para que el área se vea más suave. Un tocón de mezcla es demasiado pequeño para esto y puedes dejar algunas líneas gruesas y visibles, por lo que los hisopos o un pañuelo son mucho mejores para mezclar áreas más grandes.

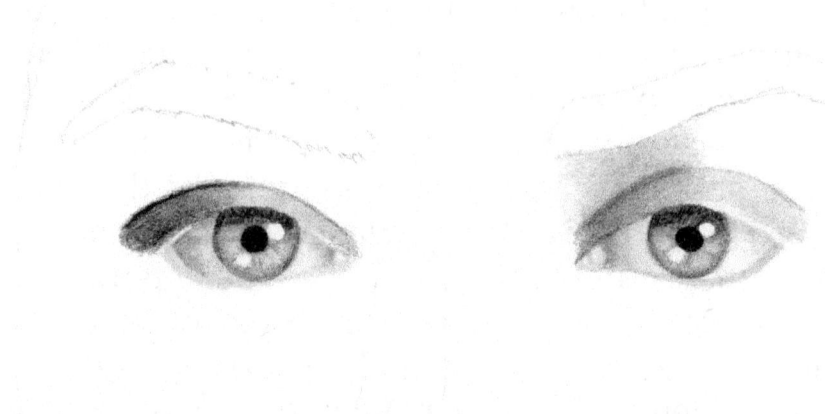

Ahora podemos sombrear el lado derecho sobre el pliegue, usando un 2H, presionando con fuerza en el medio y liberando la presión a medida que nos acercamos al punto culminante bajo la parte arqueada de la ceja, en el lado derecho. Mezcla todo con un pañuelo.

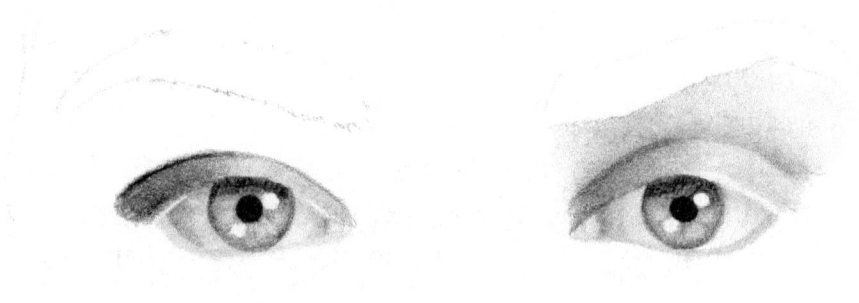

Sombrea el ojo izquierdo ahora, pero esta área debe ser muy oscura. Si nuestra fuente de línea proviene de la esquina superior derecha del papel, sombrea más las áreas alejadas de la luz, como se muestra en la siguiente imagen. Usa un HB, haz movimientos circulares y presiona más fuerte. El área que se encuentra justo encima del pliegue debe estar bastante sombreada, por lo que aquí también presiona más fuerte con un HB. Un HB es bastante oscuro, así que no uses otro más oscuro porque aún puedes hacer un tono oscuro con un HB. Puedes ver qué área dejé para la piel más brillante.

Combina todo con un hisopo y refuerza el pliegue con 4B o más oscuro, si es necesario. Crea la transición de gradiente sobre el pliegue para sugerir la redondez de esta área superior.

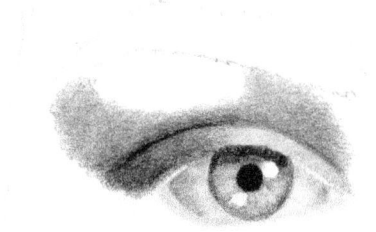 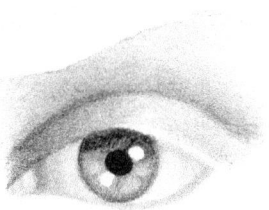

Termina de sombrear esta área debajo de la ceja, usando un HB. Presiona cada vez menos a medida que te acercas a la parte arqueada de la ceja, y aquí también, la transición de gradiente entre los tonos grises es muy importante. Esta área también está resaltada, pero aún es bastante oscura, así que usa un HB todo el tiempo y cambia la presión. Mezcla todo con un hisopo o un pañuelo y mejora la transición del degradado con un lápiz, si es necesario. Luego vuelves a mezclar hasta que quede impecable. Si has sombreado demasiado, simplemente elimínalo con un borrador. A veces, es suficiente mezclar con un pañuelo; eso también eliminará algo del grafito. Siempre puedes aligerarlo.

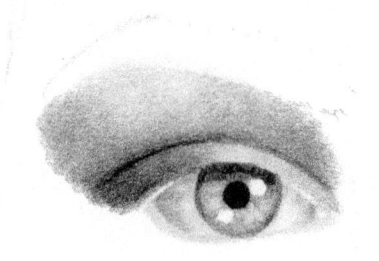 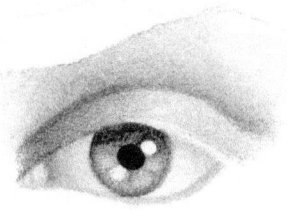

Si estás satisfecho con estas áreas sombreadas, puedes dibujar las pestañas.

Comienza con las pestañas verticales en el centro, sobre el iris, ya que son las más fáciles de dibujar. Usa un 4B o más oscuro para las pestañas. Pero, por supuesto, puedes usar tonos aún más brillantes, si quieres. Algunas de las pestañas deben ser más cortas, otras más largas. Agrega un poco de sombra proyectada sobre el iris, si es necesario. Crea una línea gruesa sobre las raíces de las pestañas para crear la sombra proyectada y la autosombra de las pestañas.

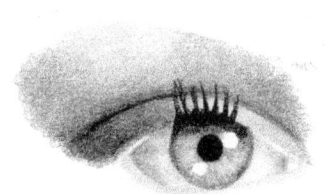 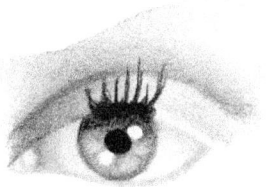

Ahora, comienza a dibujar las pestañas hacia el conducto lagrimal. Así que hazlas menos densas, más cortas y más brillantes. Dibuja un poco hacia abajo y luego horizontalmente hacia el conducto lagrimal, luego haz que se curveen un poco hacia arriba. Las pestañas más pequeñas, al lado del conducto lagrimal, deben dibujarse horizontalmente. Además, sombrea la línea gruesa entre la esclerótica y la piel de arriba.

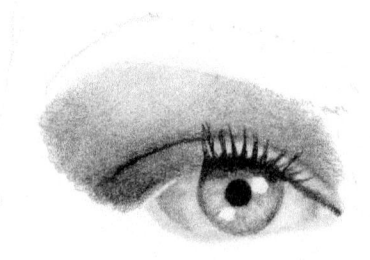 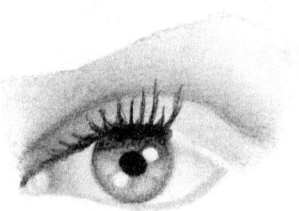

Crea las pestañas más largas hacia los templos. Dibújalas un poco hacia abajo, y luego comienza a curvarlas hacia la sien. Hazlas al azar, no deberían ser del mismo tamaño y no deberían ir en la misma dirección. Dibuja pestañas más largas y más largas mientras avanzas hacia las esquinas exteriores de los ojos. También deben ser más densas y más densas, más gruesas y más gruesas. Después de haber dibujado las pestañas, puedes ver si la esclerótica es demasiado brillante o demasiado oscura, por lo que puedes quitarle sombra o sombrearla más. Será aún más evidente al final del dibujo, cuando hayamos dibujado el área circundante por completo.

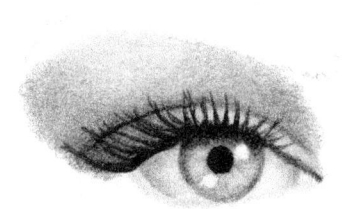 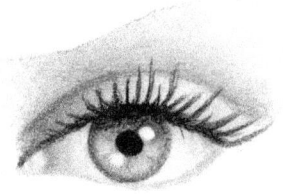

Ahora podemos sombrear las áreas bajo los dos ojos, usando un HB y también un movimiento circular. Esto es necesario, para que también podamos dibujar pestañas aquí, y luego podamos avanzar. Sombrea justo debajo del grosor de la piel, sobre ese músculo, que es una especie de músculo circular, que rodea todo el ojo. El área en el medio debe ser resaltada. Presiona mucho más fuerte debajo del ojo izquierdo. Refiriéndonos a nuestra fuente de luz en la esquina superior derecha, las áreas en los lados izquierdos deben estar sombreadas más, para que pueda usar un lápiz B para el área debajo de la esquina exterior del ojo izquierdo. El área debajo de la derecha debe ser más brillante. Trata de cubrir las áreas uniformemente.

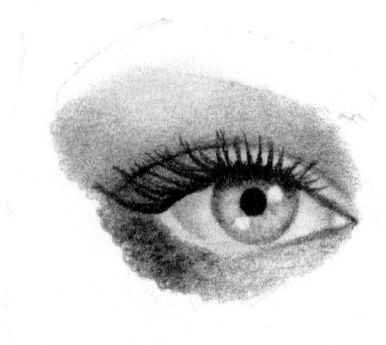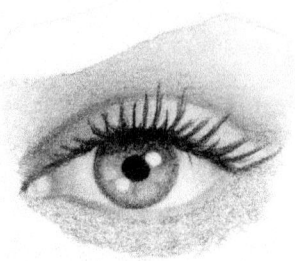

Combina todo con un hisopo, usando también un movimiento circular y mezcla cuidadosamente todo lo que hayas sombreado. Verás cómo se vuelve muy suave después de la mezcla, lo cual es increíble. Estos hisopos son muy buenos para áreas como esta, no para áreas grandes ni demasiado pequeñas. Los pañuelos son buenos para un área un poco más grande. Puedes agregar detalles si quieres más detalles.

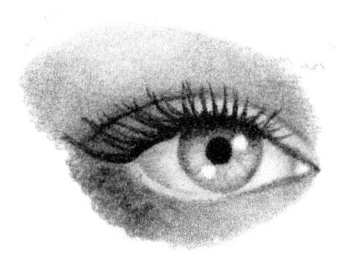 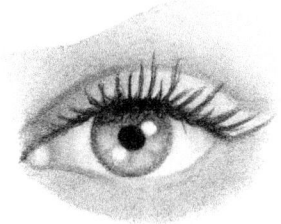

Ahora podemos dibujar las pestañas. Al lado de los conductos lagrimales, dibuja pestañas muy cortas y pequeñas, y deberían hacerse más grandes, más largas y más densas a medida que las dibujas hacia las esquinas exteriores de los ojos. Estoy usando un HB para estas pestañas porque las pestañas inferiores deberían ser un poco más brillantes que las pestañas superiores; siempre son más delgadas. Haz que algunos de sus extremos se junten, crea la forma de carpas. Algunas de las pestañas deben crecer un poco debajo del borde entre el grosor de la piel y la piel debajo de ella. Debes revisar alguna foto de referencia o mirar en el espejo para verificar su posición. Usa un lápiz B, o incluso más oscuro, para las pestañas debajo de la esquina exterior del ojo izquierdo.

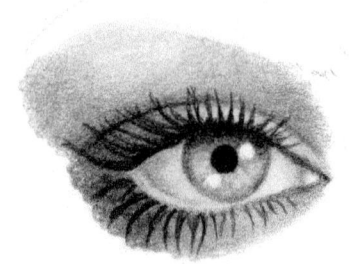 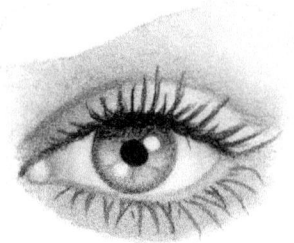

En este paso, podemos hacer algunos toques finales para mejorarlo, pero, por supuesto, puedes hacerlo al final del dibujo. Solo quería mostrarte cómo puedes crear un poco de luces con un borrador o un marcador blanco, en el centro, justo debajo del límite del iris y sobre los conductos lagrimales para sugerir la humedad de los ojos. En la siguiente imagen, puedes ver cómo los ojos se ven más brillantes ahora.

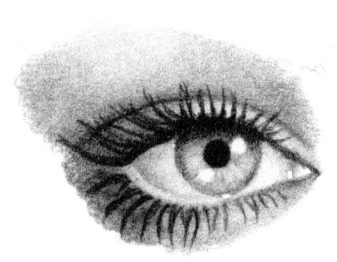 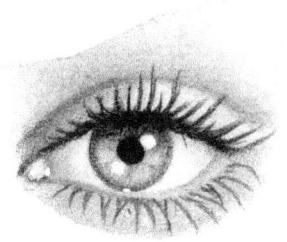

Ahora, podemos dibujar las cejas. En la siguiente imagen puedes ver las flechas que he colocado digitalmente para mostrarte la dirección y posición de los pelos que debes dibujar.

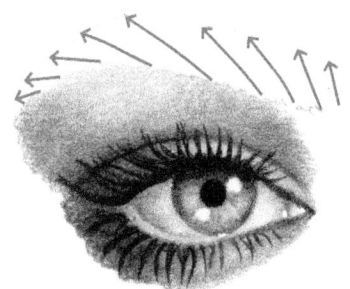 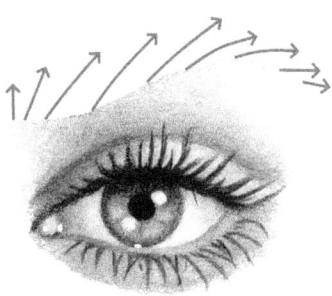

Por lo tanto, refiérete a esta imagen todo el tiempo y

dibuja cejas más delgadas y cortas a medida que avanzas hacia la sien. Usa un HB para la ceja derecha y sigue dibujando en la dirección de estas flechas. Las cejas pueden ser más gruesas, más delgadas, pueden tener cualquier forma, pero la dirección del crecimiento del cabello es en realidad la misma, sin importar qué, y debes seguir estas reglas si deseas dibujar dibujos fotorrealistas.

Cuando los esté dibujando sobre el arco, el área resaltada, presiona un poco menos. Aquí tenemos líneas horizontales, y las vuelves a hacer curvas a medida que avanzas hacia el templo. Debes presionar más fuerte de nuevo al lado del templo. He creado cejas un poco más gruesas porque quiero hacerlas más visibles y más llamativas, pero puedes hacer cejas delgadas, si quieres.

Para la ceja izquierda, usa un lápiz B, y también presiona menos sobre el área que sobresale.

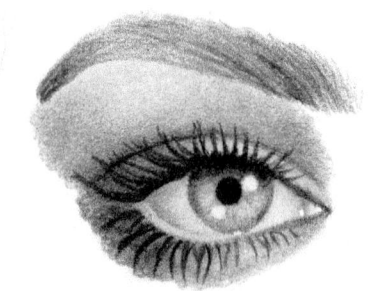 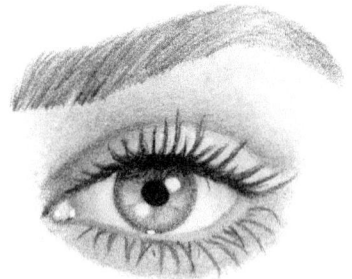

Mezcla un poco con un tocón de mezcla. Trata de mantener la punta de su muñón de mezcla dentro del área de las cejas, no mezcles mucho fuera del borde. Puedes ver en la siguiente imagen cómo se ven mucho más suaves después de la mezcla.

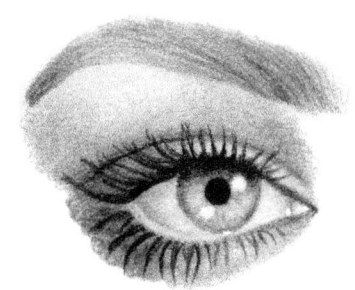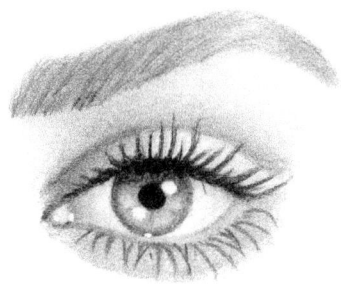

En el siguiente paso, podemos agregar algunos pelos resaltados sobre las partes sobresalientes, principalmente en las áreas superiores de las cejas. Usa una punta afilada de su borrador y borre los pelos iluminados, también siguiendo la dirección de las flechas.

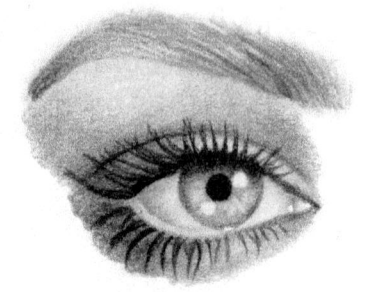 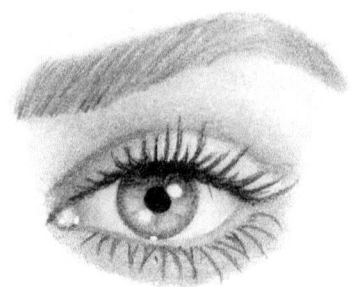

Por último, podemos crear las partes más oscuras en la mitad inferior horizontal de las cejas porque estas áreas reciben menos luz. Usa un lápiz 2B-4B y cubre completamente la mitad inferior de los pelos. Además, dibuja algunos de los pelos oscuros en la zona superior también. Al azar, sobre todo entre los pelos destacados. Si dibujas un hombre, puedes agregar pequeños pelos adicionales del contorno de las cejas, especialmente al lado de la sien. Como siempre, revisa las fotos de referencia o estudia las características faciales de tus amigos y familiares.

Si te alejas de tu dibujo y lo miras desde la distancia más lejana, solo entonces verás lo visibles que son los reflejos, y qué tan fuertes son las sombras, y cómo se relacionan entre sí. Entonces, puedes ver muchas cosas que no puedes ver cuando las miras desde una distancia más cercana.

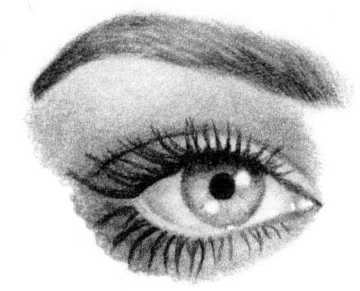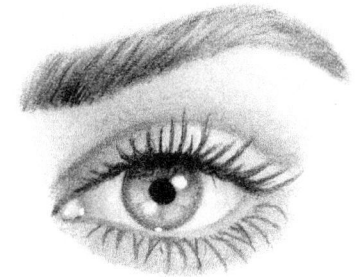

Podemos pasar a la nariz ahora.

Marca las fosas nasales y proyecta la sombra en el lado izquierdo de la fosa nasal izquierda, utilizando un 4B o más oscuro. Además, refuerza la línea debajo de la nariz y ten en cuenta la fuente de luz al sombrear la nariz. Probablemente tendrás que reforzar estas sombras más adelante, porque tendrás que mezclar todo y se eliminará el grafito. Las fosas nasales a veces no son visibles, depende del tipo de nariz que quieras dibujar.

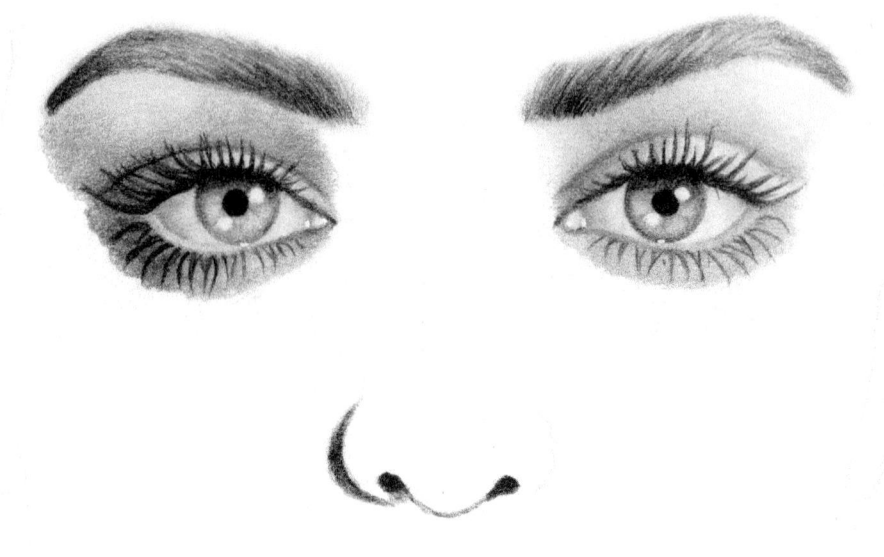

El siguiente paso es sombrear toda el área sombreada en el lado izquierdo y debajo de la nariz. Usa un HB, presiona muy fuerte en las áreas que puedan recibir menos luz y libera la presión a medida que te acerques a las áreas más iluminadas. Estudia la siguiente imagen para ver qué áreas he sombreado. Este es un trabajo que consume mucho tiempo y debes tomarte tu tiempo. Un HB es muy bueno porque puedes crear una gran variedad de tonos de 2B a 5H solo cambiando la presión sobre el lápiz. Probablemente es por eso que recibió el nombre de HB, porque puedes usarlo como ambos. Por supuesto, no puedes crear un tono tan oscuro como el 8B, por ejemplo, pero es un lápiz imprescindible porque puede reemplazar a muchos de ellos.

Sigue usando el movimiento circular todo el tiempo para lograr una textura suave. Echa un vistazo a la siguiente imagen para ver cuán visibles son mis círculos pequeños y superpuestos. Pero no te preocupes, vamos a combinar las áreas y se verá aún más suave. Solo por favor no uses líneas o cruces de escotillas. Lo sé, tomarían menos tiempo, pero el resultado sería decepcionante. Al igual que con tantas cosas en la vida, más tiempo dedicado al trabajo traerá mejores resultados.

El tamaño del área que sombreamos en este paso, depende del tamaño de la nariz y la fuente de la luz que cae sobre la cara. En este paso, no hagas ninguna transición de gradiente porque lo haremos más adelante. He dividido este trabajo en acciones más pequeñas, para que te concentres en una cosa a la vez.

Deja el borde exterior del borde izquierdo sin tocar, porque aquí tenemos que crear la luz reflejada. Entonces, dibuja alrededor como puedes ver en la siguiente imagen. Haz lo mismo en la parte inferior de la nariz y sombrea la autosombra sobre ella. La sombra propia y la luz reflejada debajo de ella sugerirán una redondez de la nariz y, de hecho, la separarán de la cara y las mostrarán más cerca del ojo del espectador.

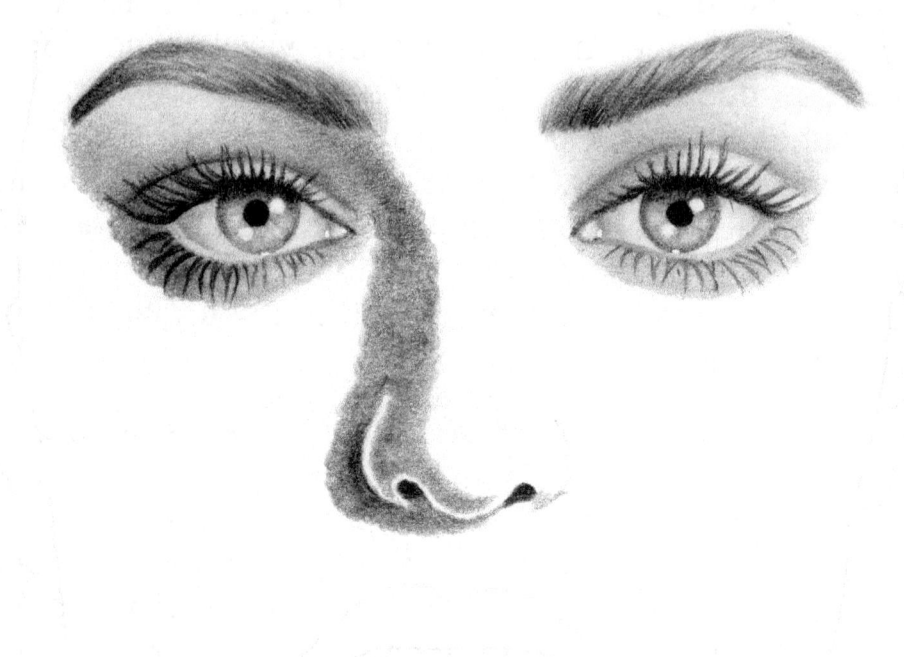

Ahora cambia a 2H y sombrea toda el área previamente sombreada. El mismo movimiento circular, presionando con fuerza sobre el borde del área de HB, y libera la presión cuando trabajes lejos de ella, porque tenemos que crear una transición de degradado desde el tono muy oscuro al tono básico de la piel. Cuando digo el color básico de la piel, me refiero al tono de piel que no se ve afectado por la luz, pero que no se encuentra en la sombra. En la siguiente imagen, ya puedes ver cómo la parte superior de la nariz aparece redonda debido a esta transición de gradiente, que siempre es muy importante.

La sombra más oscura proyectada al lado del borde es una sombra proyectada por la fosa nasal y la sombreamos en el paso anterior; pero usando un 2H, sombrea más lejos de la nariz, sobre el área inferior izquierda debajo de ella, para crear la sombra proyectada por la parte superior de la nariz, por lo tanto, estará mucho más lejos de la nariz y también más brillante que la sombra proyectada muy cerca. Esto hará ver que la parte superior de la nariz está más cerca del ojo del espectador que los bordes de la nariz. Esta distancia no es demasiado grande, pero aun así tenemos que improvisarla. No hagas un progreso repentino, sino que ve sobre la misma área una y otra vez, usando movimientos circulares. Ten en cuenta que una vez que apliques 2H o un tono brillante similar, no podrás volverlo completamente oscuro, incluso si lo pasas con un 4B o más oscuro. Por eso es importante usar un lápiz muy oscuro primero para las áreas que se supone que están en la sombra.

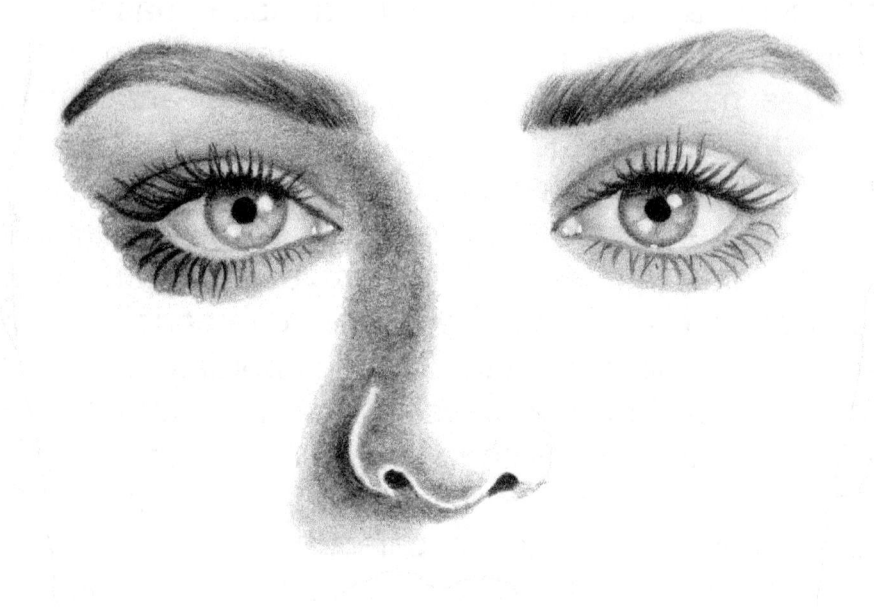

Lo siguiente que debes hacer es sombrear la zona sombreada previamente de la misma manera, presionando más fuerte junto a esta área, liberando la presión a medida que la sombra se aleja de ella, usando 4H. Aún puedes usar 2H, pero presiona menos. Debes usar una punta opaca en cualquiera de los lápices H, porque pueden rayar tu papel si están afilados. Con la punta opaca puedes crear áreas muy brillantes sin rayar el papel.

Deja intacto el punto culminante en la parte superior de la nariz, como se muestra en la siguiente imagen, simplemente sombrea alrededor del pequeño punto. Presiona más fuerte entre el borde del lado derecho y la parte superior de la nariz. Además, sombrea todo el lado izquierdo del puente, aún utilizando un 4H. Estoy tratando de usar un solo lápiz en cada paso, para que puedas entenderlo mejor.

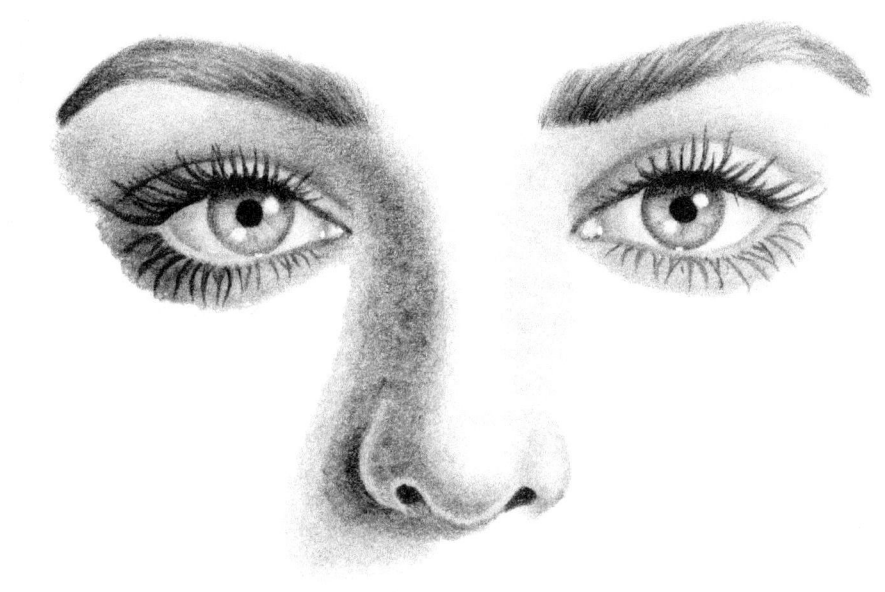

Ahora, mezcla todo. Usa un hisopo para mezclar el lado izquierdo, que es más oscuro, pero usa una pieza limpia de un pañuelo para mezclar las áreas más brillantes del lado derecho. Presiona fuerte para rellenar el diente del papel con el grafito. puedes ver cuán suave es ahora el área sombreada después de la mezcla. Difícilmente se pueden ver los círculos pequeños y superpuestos que eran bastante visibles antes de mezclarse.

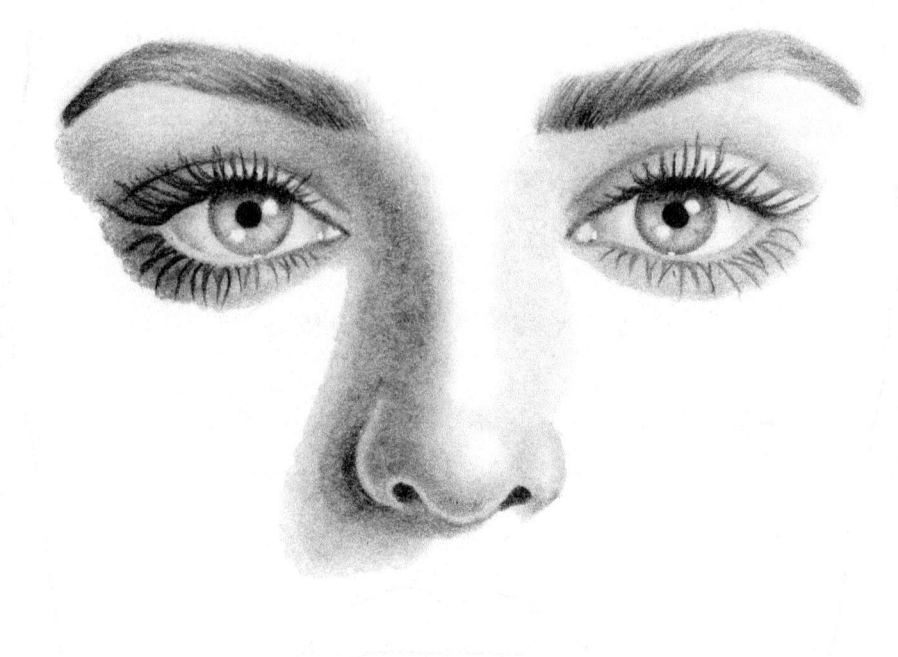

Ahora sombrea el resto de la cara, excepto las áreas resaltadas: el punto blanco sobre la parte superior de la nariz que dejamos sin tocar, y a lo largo del puente de la nariz, como se muestra en la siguiente imagen. Usa un 6H, movimientos circulares y mezcla todo con una pieza limpia de un pañuelo. Presiona más fuerte al lado del borde del tono más oscuro y mantén el movimiento circular. En realidad, nada debe ser blanco absoluto, a menos que la piel esté húmeda; entonces debería ser brillante y entonces tendríamos reflejos absolutamente blancos, pero de lo contrario, también debería estar cubierto. No olvides que siempre puedes eliminar fácilmente los tonos brillantes con un borrador, y hacer que el resaltado sea más brillante si lo has sombreado exageradamente.

Como puedes ver, todavía tengo algo de imperfección al usar movimientos circulares, pero esto es realmente la piel normal, siempre hay algunas arrugas pequeñas, lunares... sin mencionar la piel de una persona mayor, que no es tan suave. Realiza una transición de gradiente entre los aspectos más destacados y, tal vez no sea ese tipo de tono de piel básico, es una piel un poco más brillante al lado de los aspectos más destacados.

Oscurece más el área que sombreaste en el primer paso de dibujar la nariz, porque probablemente hayas eliminado un poco del grafito mientras lo sombreabas con un hisopo. Usa un HB, presionando fuerte de forma circular. Además, oscurece la luz reflejada en el borde y debajo de la nariz, si es necesario. En este paso, también, sombrea el área entre las cejas, aún usando un 6H, presionando más fuerte, o usa un 4B. Esta área debe ser un poco más oscura que la frente, porque hay un hueso frontal sobresaliente por encima y tenemos que sombrear más esa sombra. Mezcla con un hisopo limpio. En la siguiente imagen, puedes ver que en realidad las sombras proyectadas y la luz reflejada son las que hacen convierten una imagen bidimensional en una imagen tridimensional.

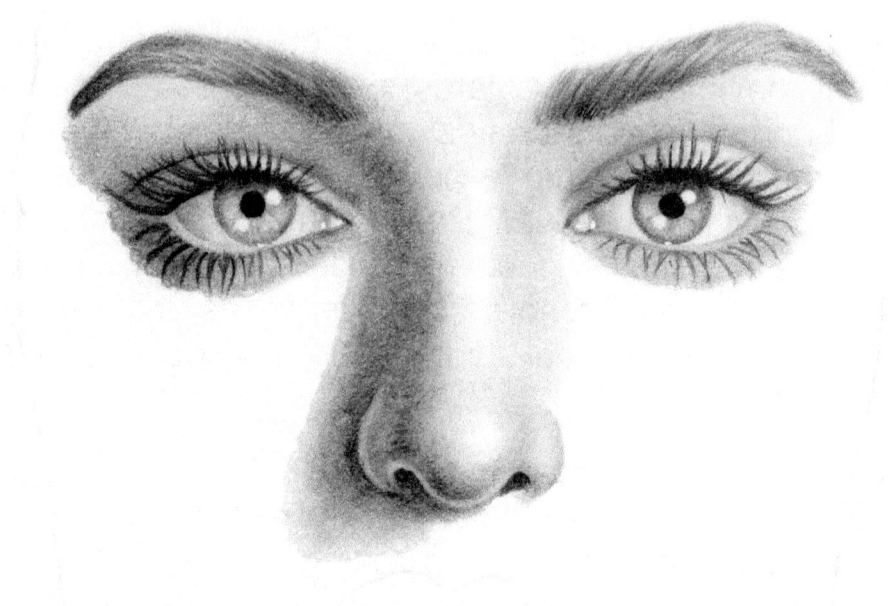

Siempre puedes sombrear más o iluminar los resaltes, incluso al final del dibujo. Puedes cambiar la forma de cualquier cosa cambiando el tono de las sombras y los resaltes. Solo piensa en los maquilladores que adelgazan la nariz, adelgazan la cara o llenan las mejillas. Siempre son las sombras y las iluminaciones las que harán el cambio, por lo que puedes cambiar toda la cara, las formas y la apariencia con solo mover la posición de las iluminaciones y las sombras un poco. Las sombras y los reflejos son cruciales, pero, por supuesto, tenemos que tener el boceto proporcional, para que los rasgos faciales se dibujen en sus lugares naturales, como aparecen normalmente.

Cuando estés sombreando, por ejemplo, en el lado izquierdo de la nariz, el resalte vertical se hará más prominente. Por lo tanto, si deseas realizar el resaltado, pero no puedes hacerlo más brillante, o es brillante, pero aún no lo suficientemente brillante porque las áreas circundantes son demasiado brillantes, simplemente sombrea alrededor de los aspectos más destacados, más o menos, y se volverán más brillantes.

Si aplicas primero tonos más brillantes, como 2H o más brillante, no podrás volver a hacer que el área sea completamente negra. Por ejemplo, si sombreas un área con un 5H, y aplica un 6B sobre él, un 6B no creará un tono tan oscuro como cuando se aplica como una primera capa sobre el papel. A veces querrías que sucediera, pero otras no. Por lo tanto, esto es una cosa muy útil para saber.

Cómo dibujar los labios

Pasemos a los labios ahora, ya que hemos terminado con los rasgos faciales.

También quiero dibujar los dientes, pero no tienes que hacerlo si no quieres. Solo quiero mostrarte cómo dibujarlos en el caso de que quieras que sean visibles en tus futuros retratos. Quiero sacar los dientes, pero no una sonrisa, solo una boca ligeramente abierta.

En este primer paso, solo estoy fortaleciendo todas las

líneas que creé, he agregado las líneas entre los dientes. Los dientes no deben permanecer absolutamente blancos, especialmente cuando apenas son visibles. Cuando dibujas una sonrisa, solo los dientes frontales pueden permanecer blancos. Cuando trabajes en el resto de los dientes, usa tonos más oscuros y oscuros a medida que los sombreas hacia las esquinas. De esta manera los dientes tendrán su forma redonda y la sonrisa se verá más realista.

Usé un 8B para oscurecer el área entre los dientes. Por supuesto, hay una lengua detrás, pero no recibe ninguna luz, por lo que podemos usar el tono más oscuro para esto. Puedes crear diferentes formas de los dientes. Si deseas que se peguen entre sí, solo usa un HB para crear las líneas entre ellos.

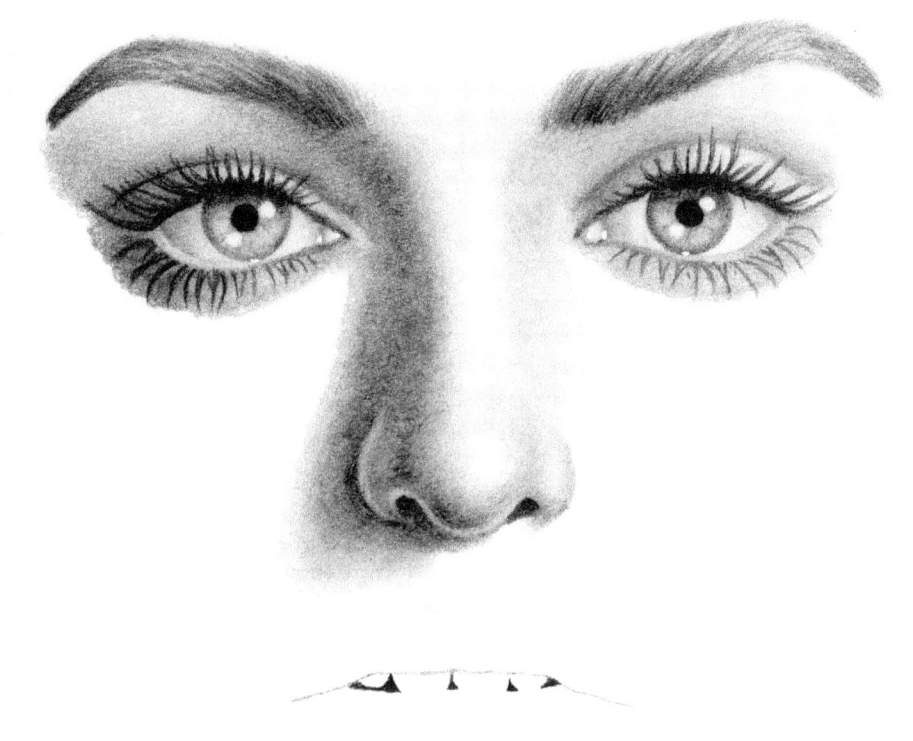

Sombrea los dientes con un 6H, aplicando en círculos. Presiona un poco más fuerte debajo del labio superior. En la siguiente imagen, aún puedes ver que los dientes que acabo de sombrear ya no son blancos, pero son lo suficientemente brillantes como para sugerir la blancura de los dientes, pero en la sombra. Una vez que hayamos dibujado las áreas circundantes, los labios, mejorará aún más la blancura de los dientes, así que no dudes en sombrearlos bastante bien.

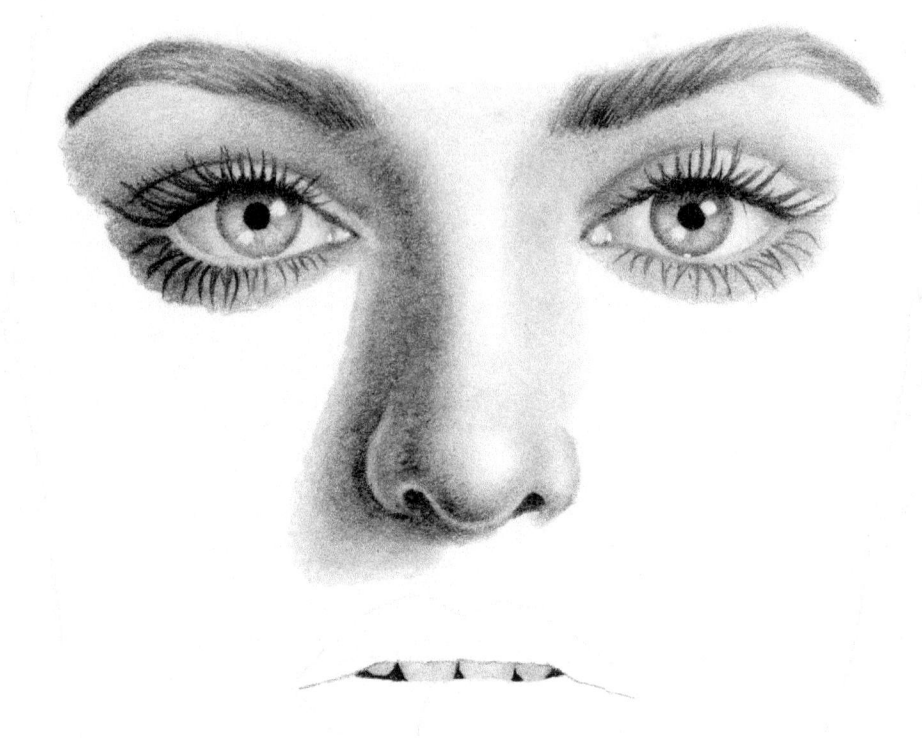

Dividamos esta tarea en dos partes y dibujemos los dos labios por separado, comenzando con el labio superior.

Estoy usando un lápiz B en la parte inferior horizontal del labio superior, como se muestra en la siguiente imagen. Puedes dejar el borde superior sin tocar para la luz reflejada. Entonces, el área que sombreamos aquí es la llamada sombra de sí mismo o "autosombra". Presiona un poco menos en la esquina derecha porque nuestra fuente de luz proviene de la esquina superior

74

derecha.

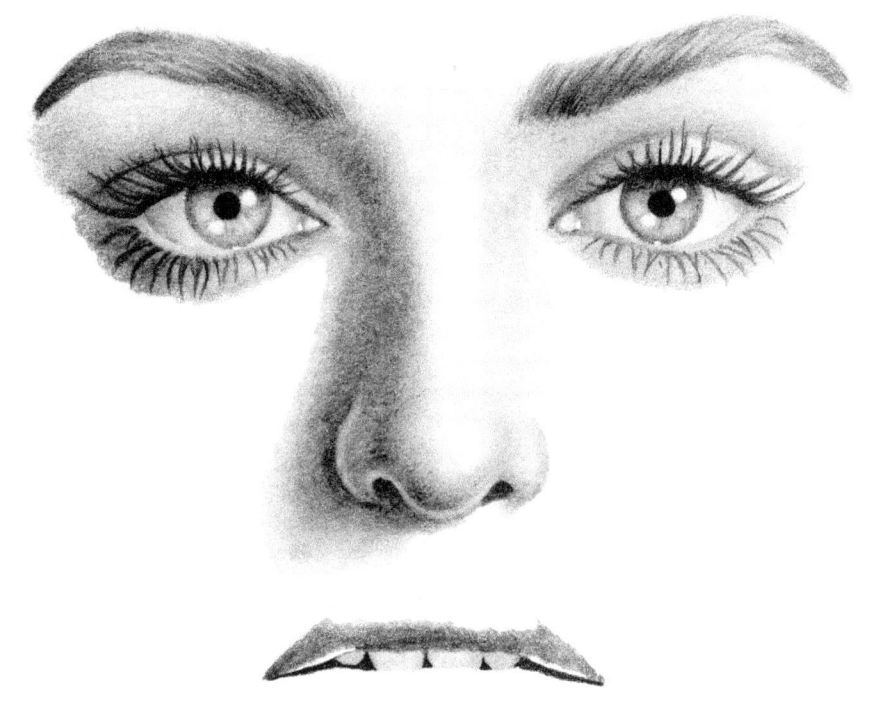

El área superior puede ser sombreada con un HB. Aquí tienes que decidir qué tipo de forma quieres. Puedes ser de cualquier forma, no tienes que dibujarla exactamente como yo. No presiones demasiado al sombrear esta área con un HB, sino solo al lado del área inferior que sombreamos, presiona fuertemente y ve presionando cada vez menos a medida que vayas haciendo sombra hacia arriba. Aquí también, esa transición de gradiente es importante para improvisar la redondez del labio, y es por eso que este HB es bueno para el área al lado de un lápiz B.

Quiero dibujar los labios con un poco de lápiz labial en ellos y es por eso que estoy usando tonos más oscuros, pero puedes usar un poco más brillante, un HB para el área inferior y un 2H en el área superior.

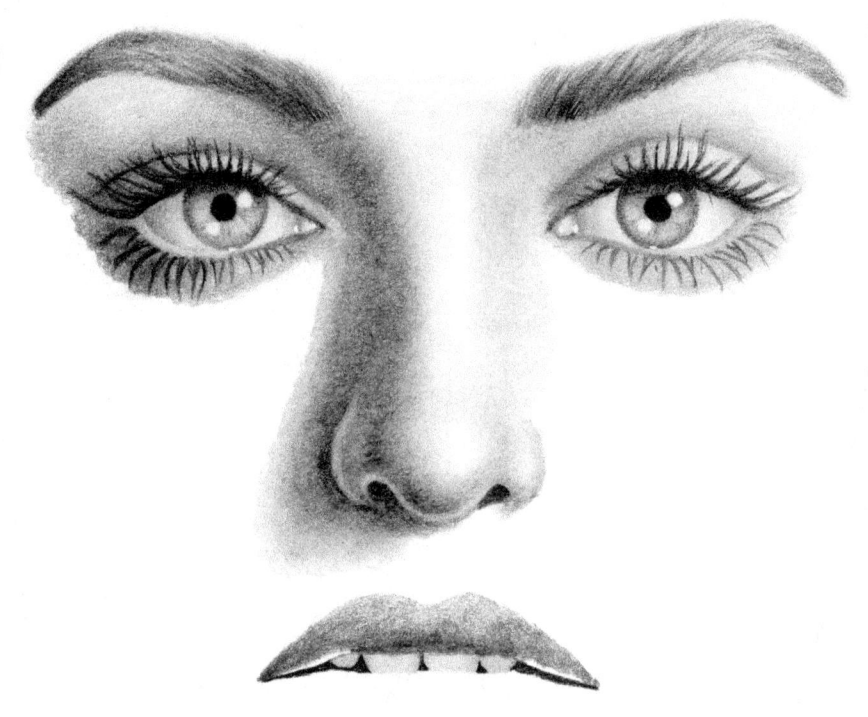

Mezcla todo con un hisopo. En la siguiente imagen, puedes ver cómo se ve muy bien y suave después de la mezcla. Si sombreas fuera del borde, ni siquiera es un problema, porque vamos a sombrear la piel alrededor de los labios.

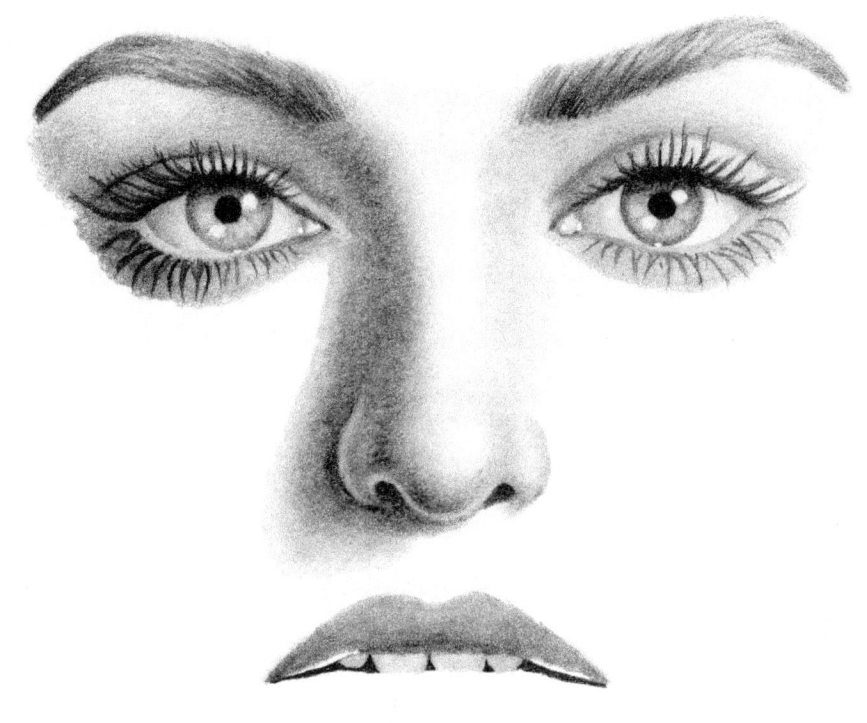

Sombrea la luz reflejada que dejaste intacta, usando un 6H. La luz reflejada no debería permanecer blanca, y en realidad debería ser también bastante oscura, pero mucho más brillante que las áreas circundantes. Crea la luz reflejada sobre los dientes también. La luz reflejada sugerirá el brillo de los labios porque los labios secos no tienen una luz reflejada demasiado visible. Entonces, borra una línea pequeña, un milímetro por encima del borde sobre los dientes. La luz reflejada también sugerirá la redondez del labio.

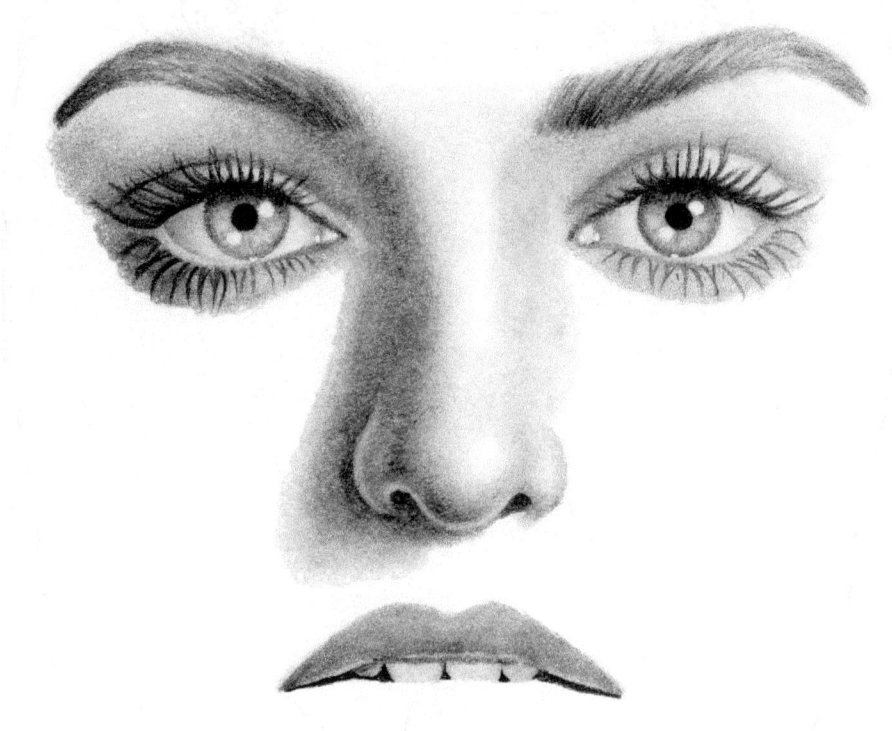

En este paso, cree algunas luces sobre el área superior del labio superior, así que solo usa un borrador y elimina suavemente un poco del grafito. Trabaja justo debajo del borde, dejando también un milímetro entre el arco de Cupido y este punto culminante. Si exageras con el borrado, simplemente repasa el área demasiado brillante con una punta usada del muñón de fusión para volver a aplicar algo de grafito, y ya no será demasiado brillante.

También puedes crear algunos reflejos entre las arrugas. El borde debe estar más iluminado en el lado derecho y menos en el lado izquierdo debido a la fuente de luz que proviene de la esquina superior derecha. Sin embargo, haga algunos resaltes en el lado izquierdo con solo tocar la superficie del papel con un borrador, así que no presiones con fuerza.

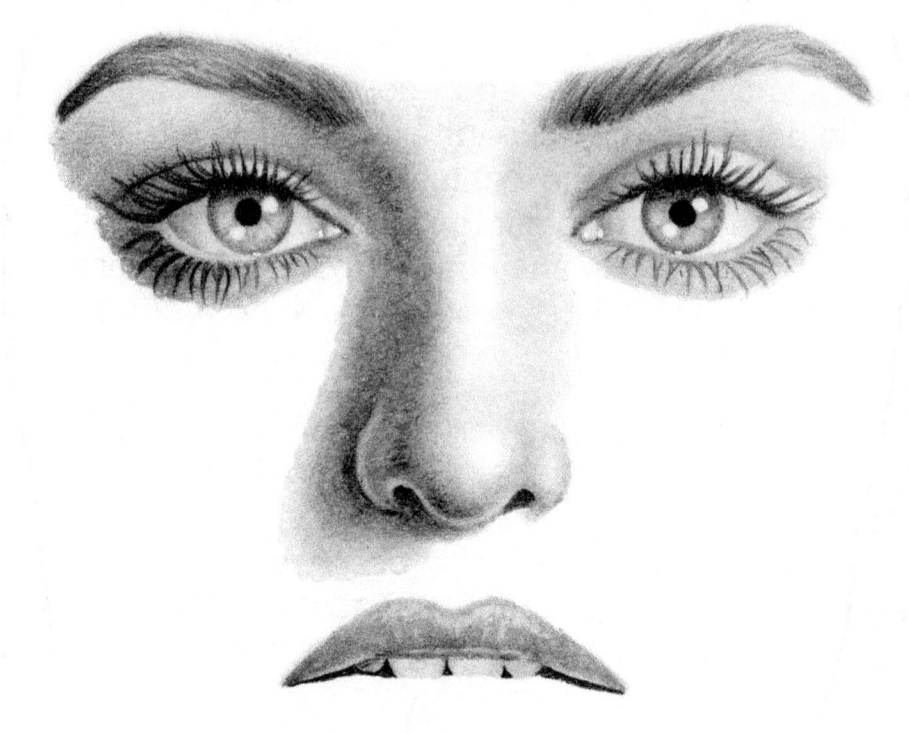

Ahora podemos terminar este labio superior agregando algunas sombras. Estoy usando un 8B para fortalecer la sombra propia que he eliminado con la mezcla y crear las arrugas entre los aspectos más destacados. Haz que estas arrugas se irradien desde el centro de los labios. No deberían ser demasiado oscuros, sino que intenten hacerlos visibles. En la mitad de los labios, tenemos que dibujar arrugas verticales. Los otros deben ser curvos.

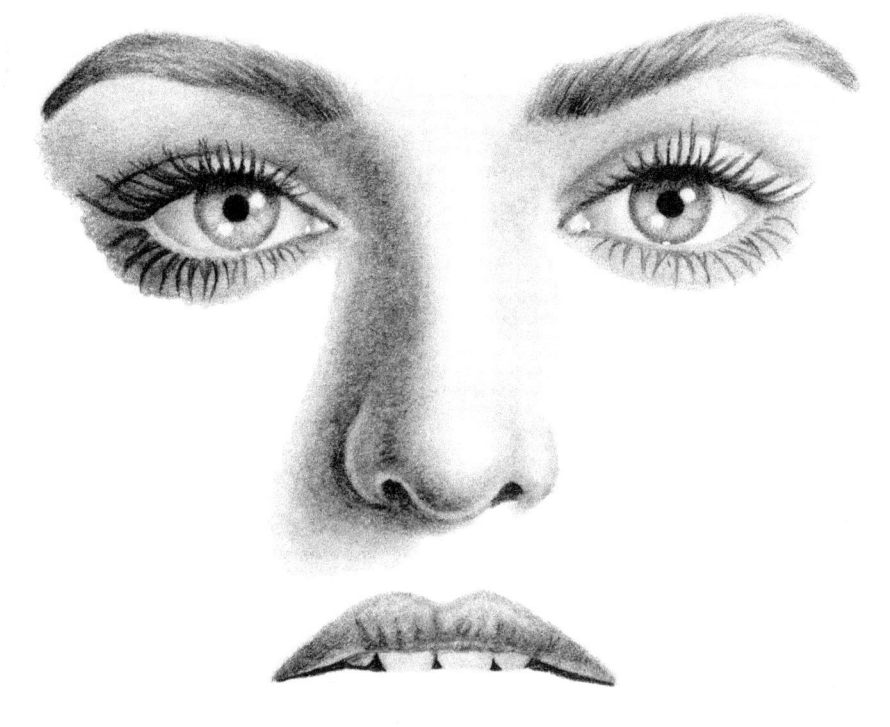

Es hora de que el labio inferior sea más brillante que el labio superior porque siempre está más iluminado. Comienza con las áreas que reciben menos luz, como se muestra en la siguiente imagen, utilizando un lápiz B. Rellena el área superior, justo debajo de los dientes y deja sin tocar el área resaltada en el medio.

Aún utilizando un lápiz B, presiona más fuerte en el lado izquierdo del labio inferior, porque recibiría una pequeña cantidad de luz si la fuente de luz se encuentra en la esquina superior derecha.

Además, sombrea el borde del borde inferior del labio inferior, algo así como un borde de 2 milímetros de espesor, que puedes ver en la siguiente imagen. El labio inferior puede tener cualquier otra forma, no tienes que dibujar la misma forma que yo. Hay muchas otras formas que puedes elegir.

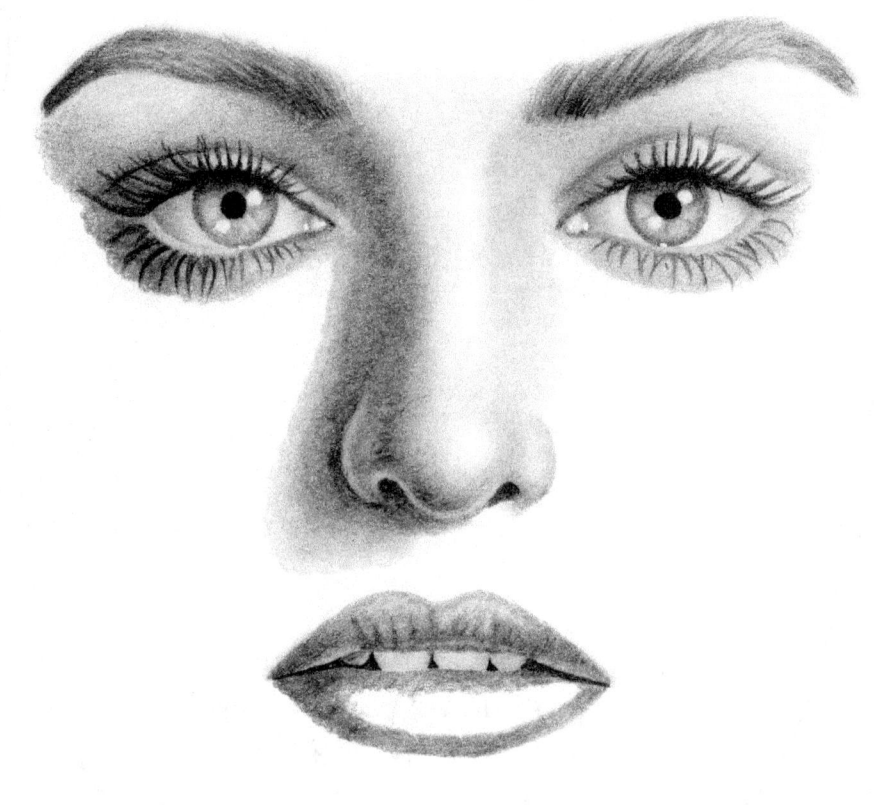

Ahora podemos cubrir el área media que hemos dejado intacta con un HB. No presiones con fuerza en el medio. Realiza una transición de gradiente entre el tono básico de los labios y los reflejos presionando con más fuerza junto a las áreas B y liberando la presión a medida que sombreas hacia los reflejos. El borde debe verse redondo verticalmente y horizontalmente, es por eso que debemos tener el resaltado más brillante en el centro y el resaltado menos brillante alrededor de él.

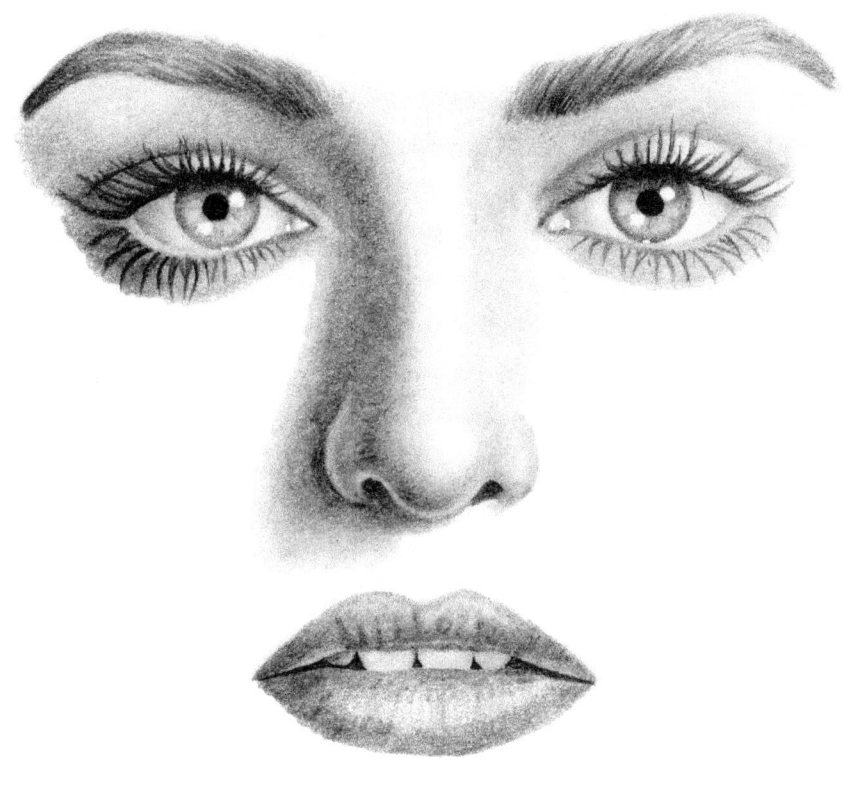

Mezcla todo con un hisopo y verás cuán suave se volverá. Usa un muñón de fusión para mezclar el borde o para combinar mejores detalles más pequeños. Si eliminas las áreas muy oscuras con la mezcla, solo dibuja y refuerza la sombra nuevamente.

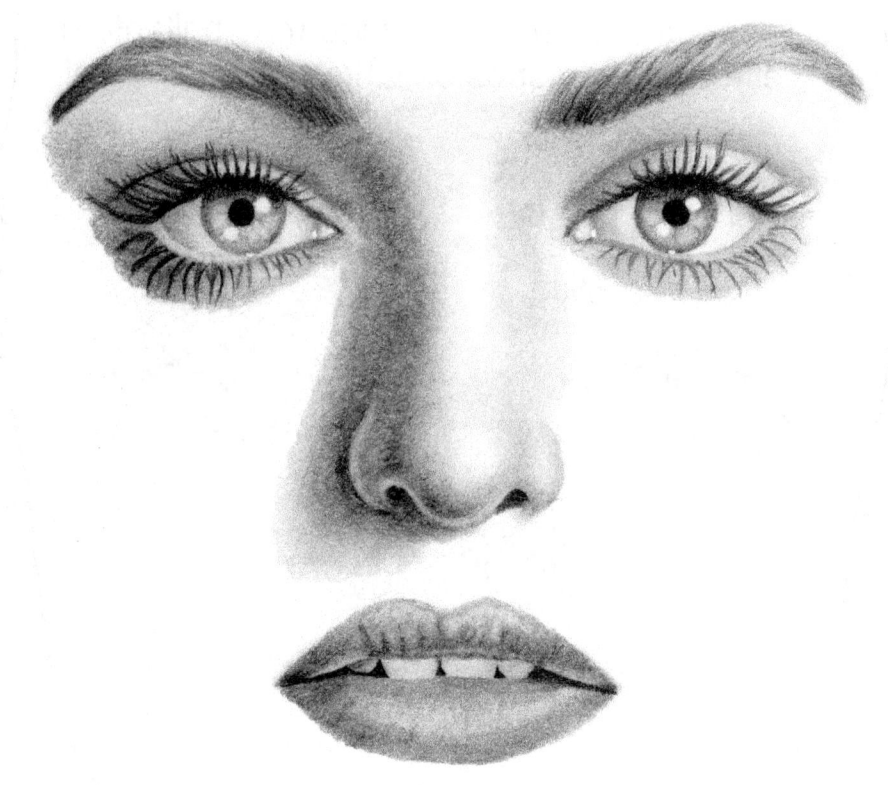

En el labio superior, hemos creado primero los aspectos más destacados. Ahora vamos a crear las sombras primero. Siempre trata de enfocar el dibujo de manera diferente para ganar más experiencia y aprender a dibujar mejor.

Entonces, refuerza las sombras que creaste con el lápiz B, ya que se vuelven más brillantes después de la mezcla. Estoy usando un lápiz B de nuevo para esto. Mezcla un poco y crea algunas arrugas. Presiona más fuerte sobre las áreas sombreadas en el lado izquierdo. Al sombrear debajo de los dientes, deja fuera un milímetro del borde y sombrea debajo.

Necesitamos ese borde más brillante para la luz reflejada de los dientes. Cuanto más brillante sea la luz reflejada, más brillante aparecerá el labio. Entonces, puedes crear una luz reflejada más brillante o menos brillante, como quieras; ambos se verían bien.

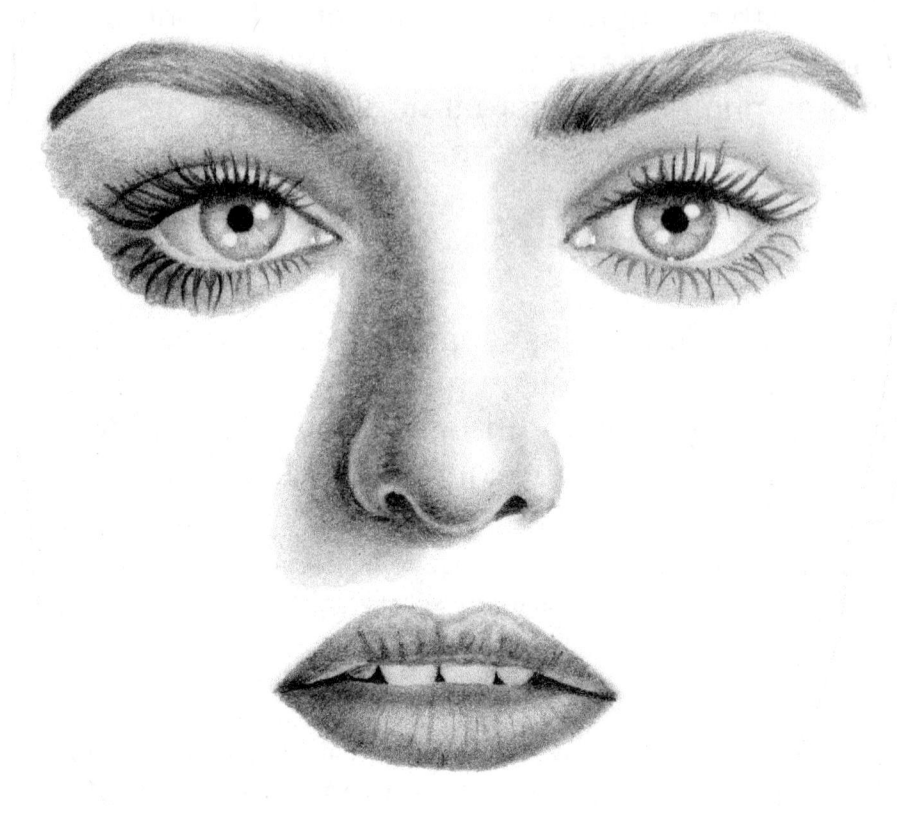

Ahora puedes crear los reflejos sobre el labio inferior. Deben ser los más brillantes en el medio. Además, puedes iluminar la luz reflejada en los dientes, como lo hice yo, y resaltar las arrugas también.

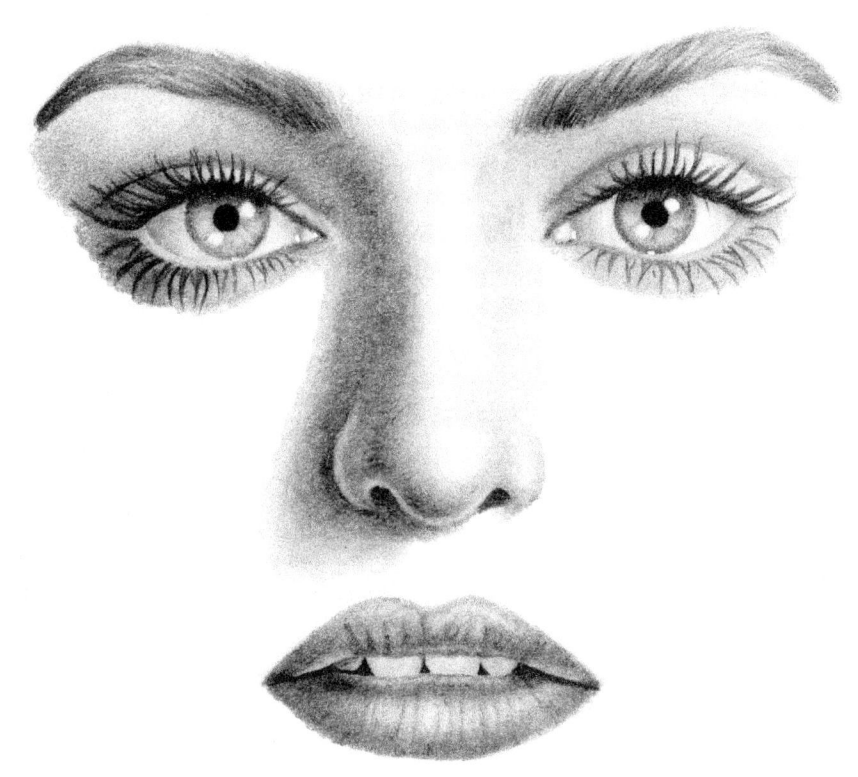

Sombreando la piel - Parte 1:

Mejilla izquierda, frente y mejilla derecha

Ahora podemos empezar a sombrear la piel de la cara. Centrémonos solo en un área pequeña a la vez y comencemos con el área más oscura en el lado izquierdo, usando un HB. Ya que hemos sombreado los rasgos faciales, ya que nuestra fuente de luz proviene de la esquina superior derecha, tenemos que hacer que el lado izquierdo de la cara sea mucho más oscuro, tal vez un tercio del ancho entre la nariz y la oreja, por lo que el 1/3 izquierdo debe ser cubierto en este paso con un HB.

Es importante aplicar la técnica del circulismo todo el tiempo si deseas crear la textura suave de la piel humana. No debes utilizar trazos o escotillas cruzadas para la piel. El circulismo es dibujar círculos pequeños y superpuestos hasta que cubras el papel. Después de eso, debes mezclarlo. Para mezclar las áreas más grandes, siempre usa un pañuelo de papel. Para mezclar las áreas más pequeñas, usa un muñón de mezcla. Los hisopos son buenos para mezclar áreas de tamaño mediano, que son demasiado pequeñas para un pañuelo y demasiado grandes para un muñón de mezclas.

En la siguiente imagen puedes ver qué áreas he sombreado con un HB y que todavía se ve muy áspera. Pero no te preocupes, después de mezclarlo se verá suave.

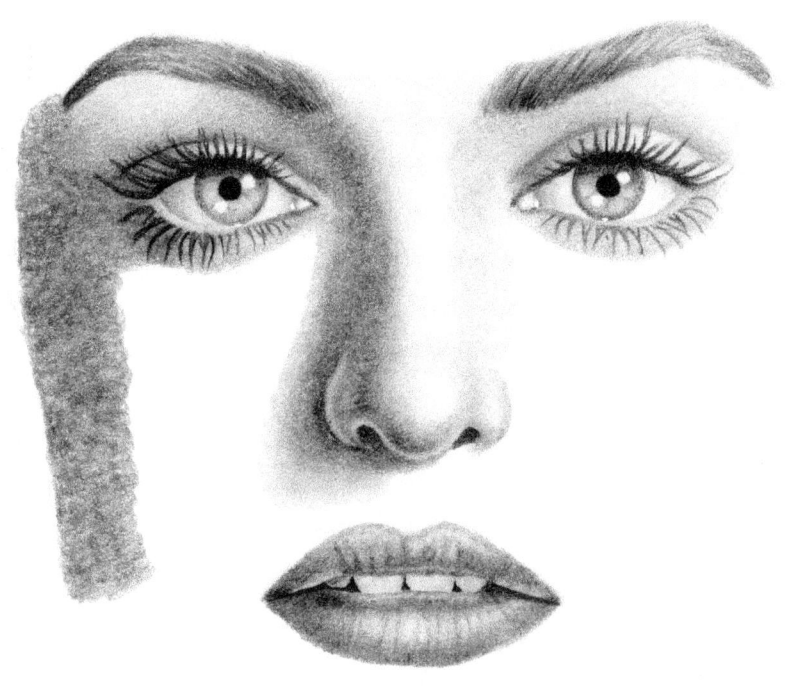

Como continuación de esto, sigue usando un HB, pero presionando menos, sombrea el lado derecho del área sombreada anteriormente. Presiona cada vez menos mientras trabajas hacia la nariz. Por supuesto, usa movimientos circulares todo el tiempo. Un HB es un lápiz muy bueno para esto porque puedes lograr un tono muy oscuro cuando presionas fuerte, y mucho más brillante a medida que alivias la presión.

Sombrea el área más grande debajo del ojo, justo por encima de la mejilla, porque en esta área se proyecta la sombra del ojo izquierdo.

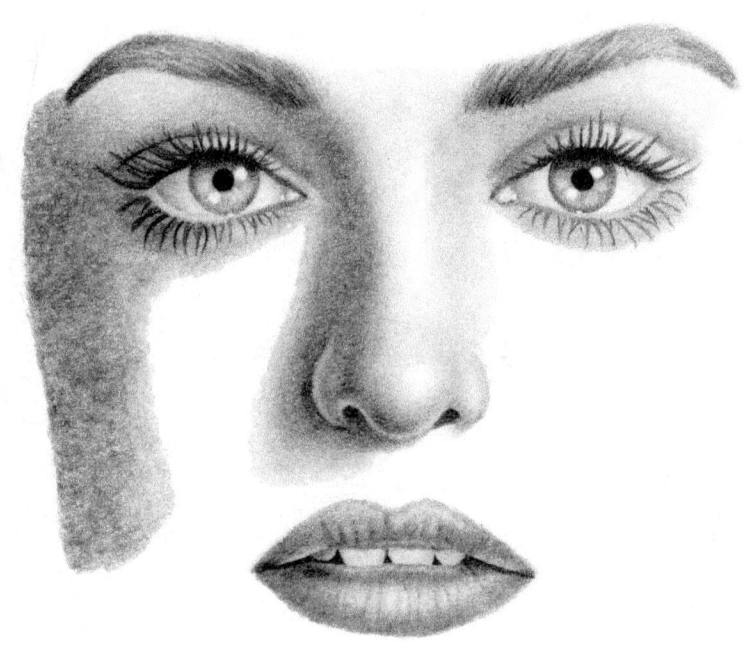

Ahora sombrea junto al área sombreada anteriormente y en la parte inferior de la mejilla, como se muestra en la siguiente imagen. Usa un 2H para esta área. Solo conecta la sombra proyectada por la nariz con la del lado izquierdo, porque esta área debajo de la mejilla recibe menos luz que la mejilla misma.

Ahora puedes ver que el área que dejé sin tocar por ahora, que es en realidad lo más destacado en este lado de la cara. Puedes comenzar a sombrear desde los resaltes la próxima vez, para probar diferentes métodos y ver cuál puede dar mejores resultados. Además, sombrea un poco al lado de la nariz, con un borde de aproximadamente 1-2 milímetros de grosor que se agrega a la parte sombreada del lado izquierdo de la nariz. Así que, básicamente, todo alrededor del punto culminante más brillante dejado sin tocar.

Si ves algunas imperfecciones o si el borde entre los tonos es visible, no te preocupes. Vamos a combinarlo y hacer algunos toques finales para refinar la textura si es necesario.

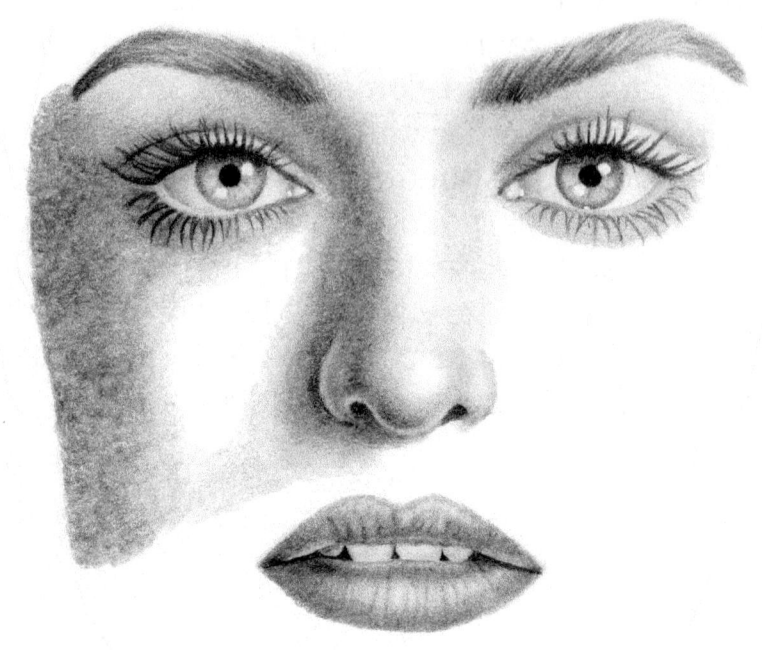

Ahora podemos llenar el resto de esta área con un 6H. Tengo un 6H, pero puedes usar 7H o 5H, si tienes estos. Presiona un poco más al lado del borde del área sombreada anteriormente y libera la presión a medida que vas hacia el centro del punto culminante porque, como siempre, la transición de gradiente es muy importante. El punto culminante debería verse mucho más brillante, pero no debería permanecer blanco.

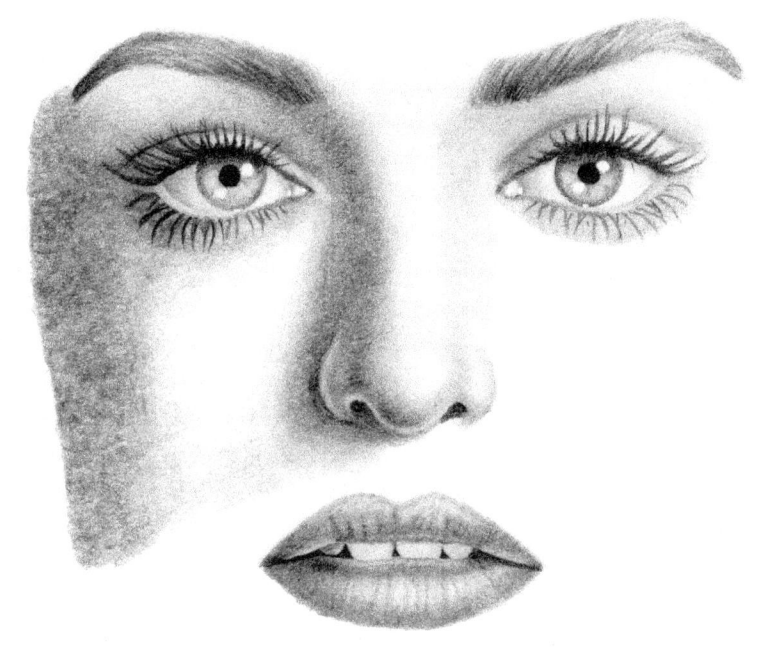

Ahora mezcla todo con un pañuelo. Si comienzas por la parte más oscura, no sombrees con esa parte del pañuelo sobre el punto culminante. Comienza desde lo más destacado, usando movimientos circulares con un pañuelo alrededor de tu dedo y mezcla hacia la sombra oscura. De esta manera no oscurecerás los reflejos.

En la siguiente imagen, puedes ver qué suave se ve la textura después de la mezcla. Hay una gran diferencia entre antes y después.

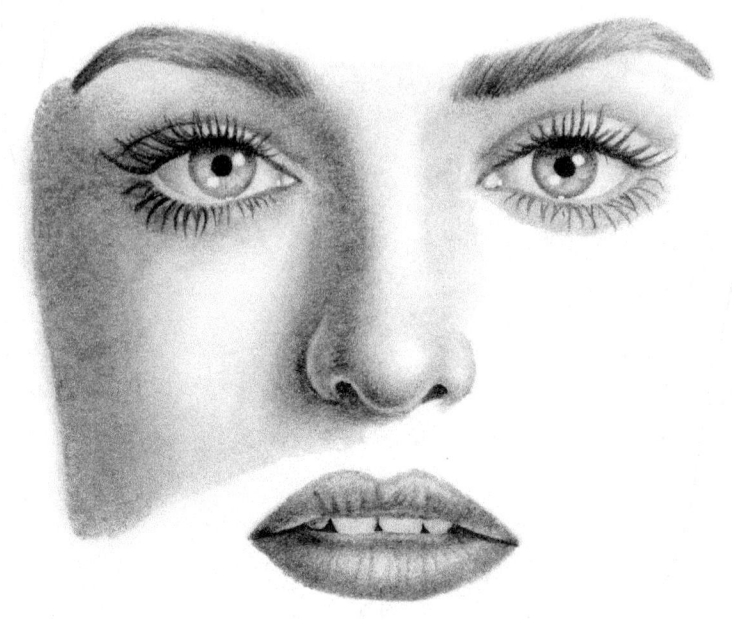

Puedes agregar algunos tonos si los has iluminado; Incluso puedes usar un lápiz más oscuro, como B, para fortalecer la sombra debajo del ojo y en el lado izquierdo, al lado de la oreja. Como mencioné, algunas imperfecciones son bastante buenas, lunares, arrugas pequeñas o pelos. Ahora podemos movernos hacia la frente. Coloca una hoja de papel limpia sobre los ojos y otras áreas de dibujo para que no se manchen. Como saben, la frente es redonda y también aquí, tenemos que crear una transición de degradado de sombras a luces. Comienza en el lado izquierdo, utilizando un HB, presionando más en el lado izquierdo, junto al cabello y alrededor de la ceja. Libera la presión a medida que sombreas los movimientos circulares hacia el resalte. El punto culminante se encuentra sobre la ceja derecha, casi en el centro de la frente. Sombrea el área mostrada en la siguiente imagen.

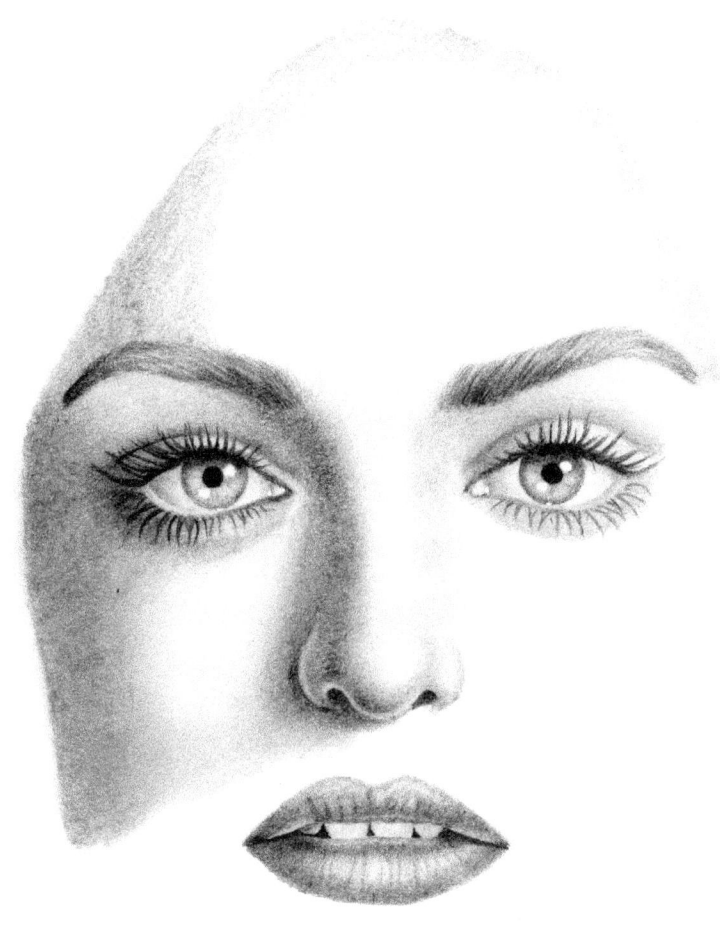

Ahora puedes sombrear el resto de la frente, a excepción de lo más destacado. Como es muy difícil de explicar con las palabras, he dividido las áreas con líneas digitales en la siguiente imagen, para que puedas comprender mejor qué área sombrear en este paso. He marcado el área para el resaltado, que debería permanecer intacta porque la fuente de luz en la esquina superior derecha crearía un resaltado muy fuerte y absolutamente blanco sobre esta parte de la frente. También puedes ver, que he escrito "Highlight" (Resaltado) sobre la ceja y la piel sobre ella, que estábamos sombreando de acuerdo con esto. Entonces, básicamente, este es el mismo punto culminante, solo tenemos una ceja sobre este.

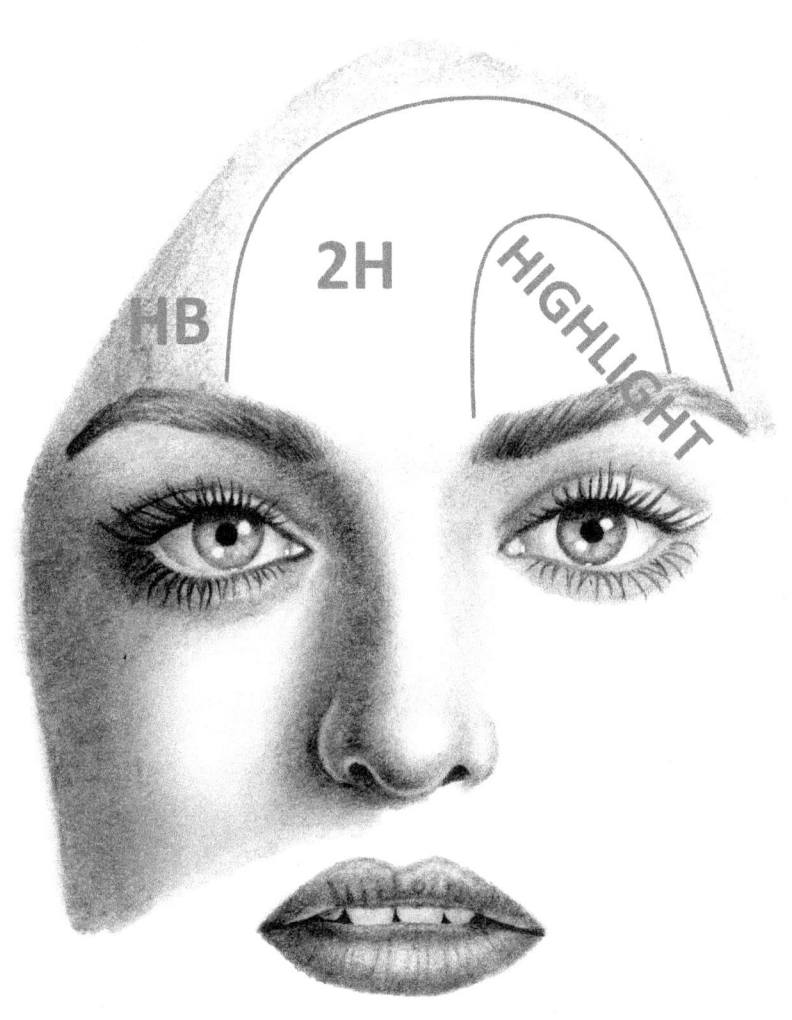

Entonces, sombrea toda esta área con un 2H, presionando ligeramente, y por supuesto, presiona menos a medida que te acerques alrededor del punto culminante. En la siguiente imagen puedes ver cómo mi área se ve bastante pálida, pero la vamos a mezclar con un pañuelo y, como puedes notar cuando te mezclas, el área se vuelve más oscura.

Sin mencionar que el escáner hace que las imágenes que fotocopio sean muy brillantes, por lo que mi dibujo siempre es un poco más oscuro.

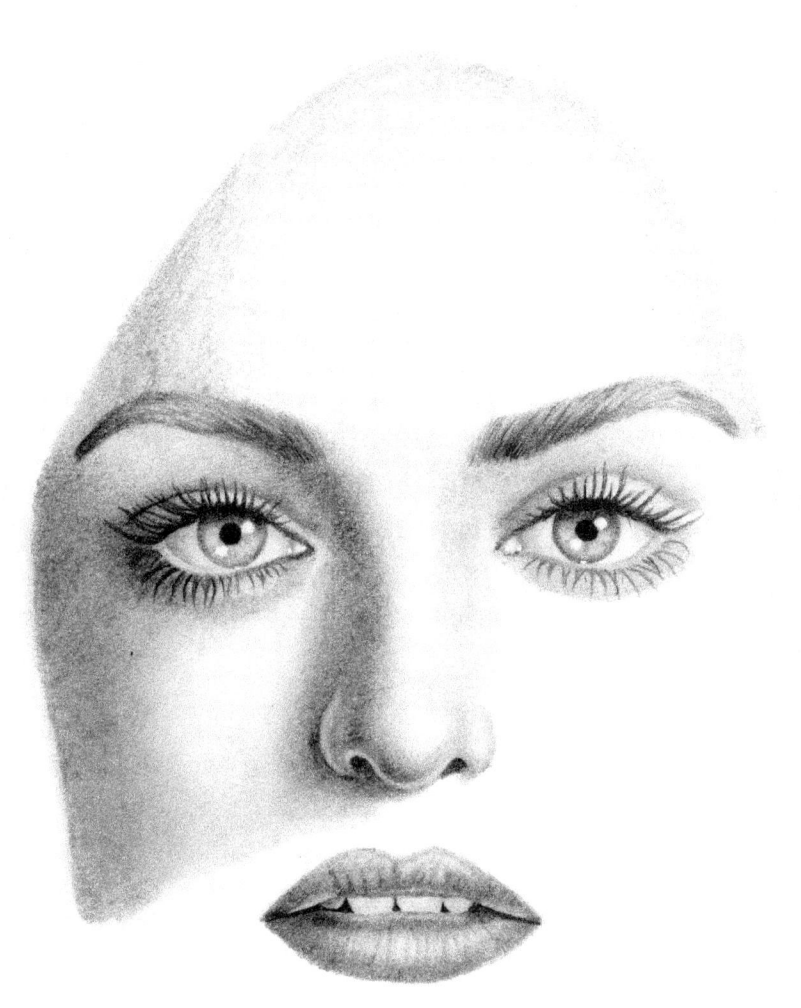

Ahora mezcla todo con un pañuelo. Presiona más fuerte en un movimiento circular alrededor de la frente, pero omite el resaltado. Cuida de no pasar por encima de las cejas. Ahora puedes ver cómo se vuelve más oscuro, pero no es demasiado oscuro.

Agrega más sombra entre las cejas con 2H, si es necesario, y vuelve a mezclarlo. Esta área está un poco inclinada hacia el interior, por lo general no en todas las personas, pero regularmente siempre hay al menos una poca sombra de sí misma. De esta manera podemos hacer que el hueso frontal sobresalga aún más, de modo que mostramos que la frente está un poco más cerca de los ojos del espectador que la base del puente de la nariz.

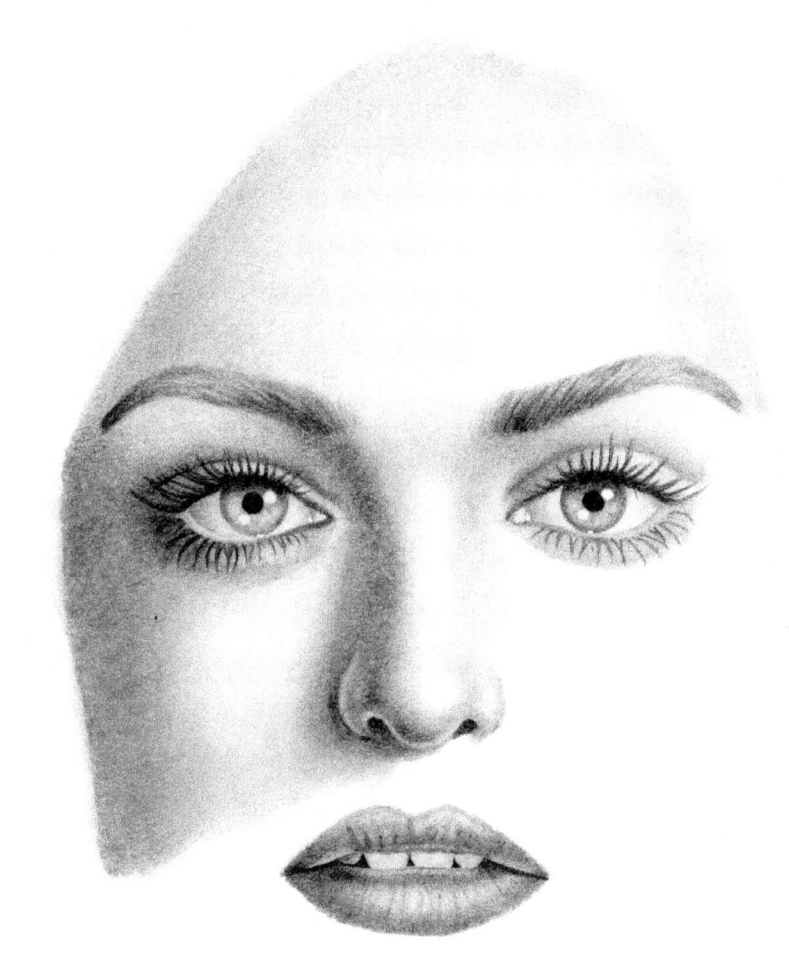

Vamos a movernos a la derecha del lado de la cara. Aquí tenemos que usar tonos más brillantes, y más áreas deben permanecer blancas. Comienza con un 2H y sombrea la sien, presiona menos al lado de los aspectos más destacados. Ahora, aquí está la pregunta de si queremos dibujar la oreja o simplemente un pelo. En realidad, quiero llamar la oreja para mostrarte cómo dibujarla y sombrearla, pero podemos cubrirlo más tarde con pelo, por ejemplo. Pero, si tenemos el pelo al lado de la cara, el borde derecho de la cara estará bastante sombreado, por lo que tenemos que determinarlo ahora, o tal vez mejorarlo más adelante. Es más fácil agregarlo más tarde que borrarlo, así que, si tenemos el pelo aquí, podemos sombrear más. Por lo tanto, vamos a sombrear normalmente por ahora.

Después de sombrear la sien, continúa hacia abajo y sombrea el lado derecho de la cara de la misma manera: 2H, movimientos circulares. Alrededor de 1/3 de este ancho entre la nariz y la oreja. Como ya mencioné, usa la punta plana del lápiz, para que no rayes el papel, y cubras un área más grande con una punta llana, y avances más rápido que cuando tienes una punta muy afilada.

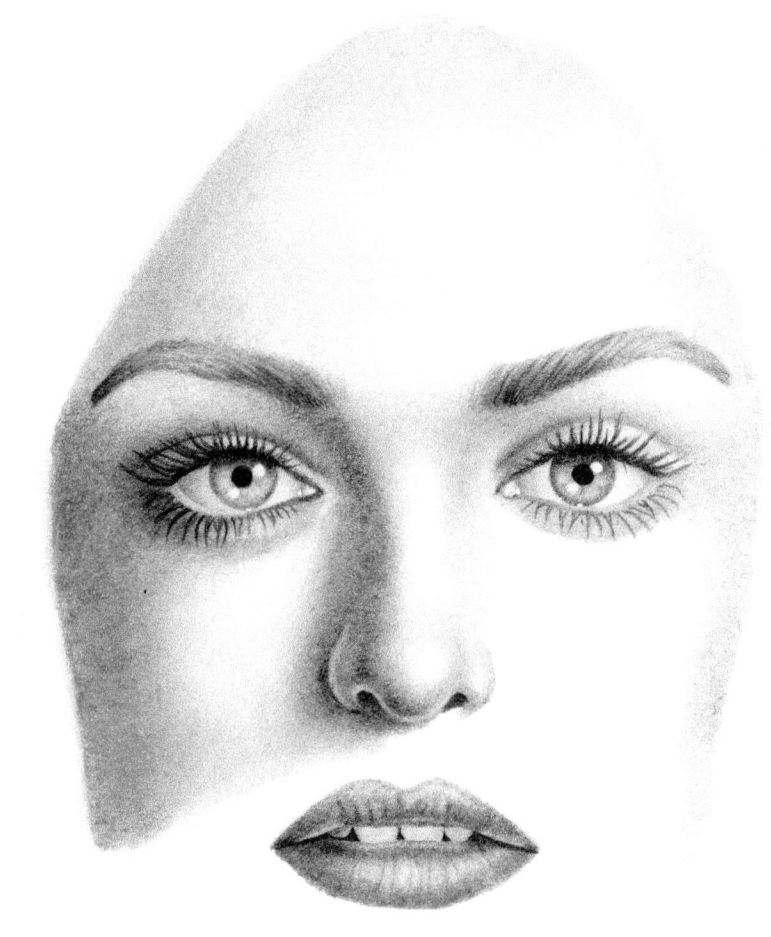

A continuación, muévete al área al lado, la mejilla y debajo del ojo derecho. Usa un 6H para esta área porque debe ser muy brillante.

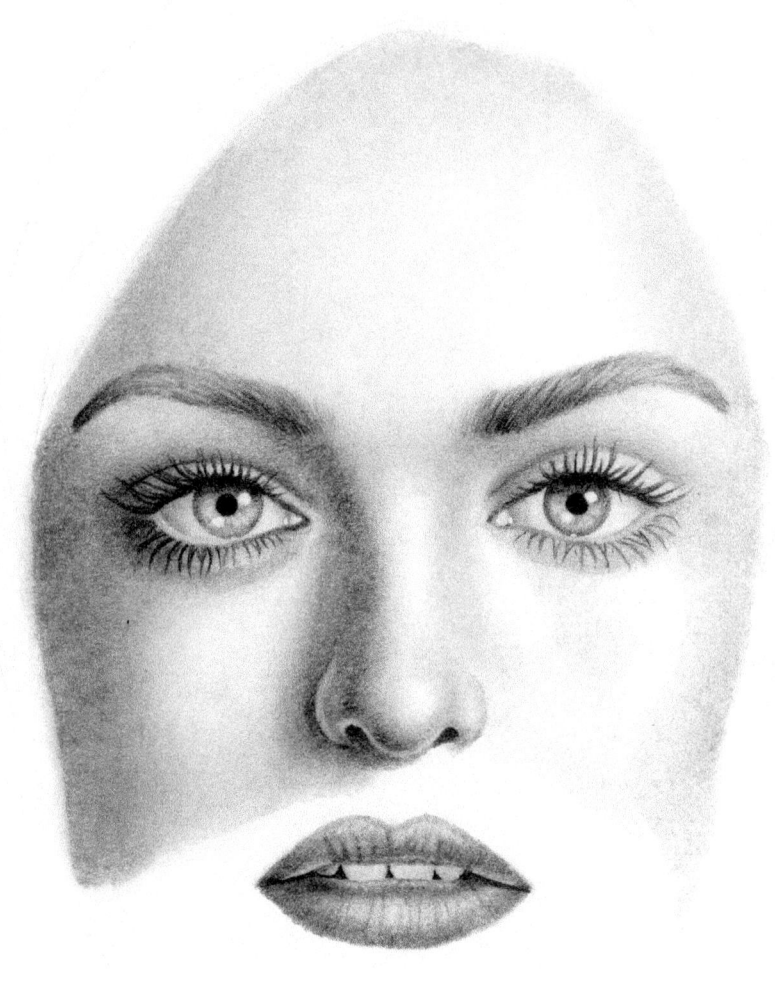

Ahora puedes combinarlo todo con un pañuelo, empezando desde tonos muy brillantes hacia la oreja. Siempre usa una parte limpia de un pañuelo de papel, que no hayas usado antes para mezclar, de modo que no apliques grafito sobre los reflejos.

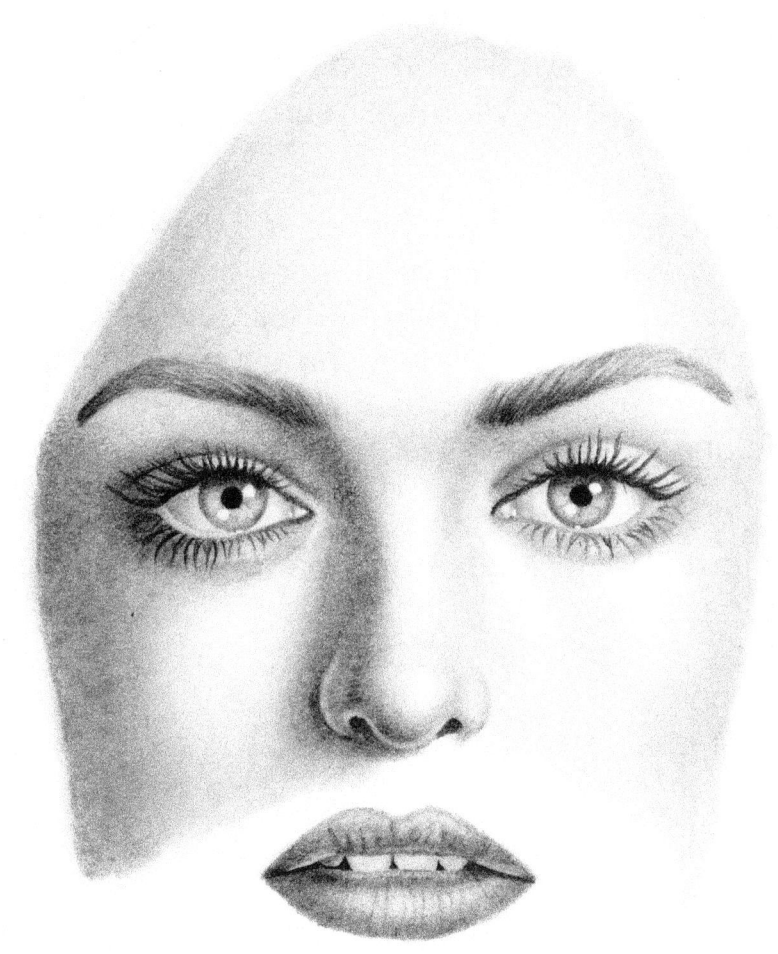

Sombreando la piel - Parte 2:

Alrededor de la boca y la barbilla

Vamos a dividir esta parte en dos fases. Sombrear alrededor de la boca y terminar el rostro sombreando el mentón.

Primero, sombrea la piel sobre el lado derecho del labio superior y conéctala con la sombra proyectada por la nariz que sombreaste antes. Usa un HB aquí, y también sombrea el lado derecho de este hundimiento sobre el arco de Cupido, usando presión intermedia y repítelo una y otra vez, si es necesario.

Continúa sombreando el lado izquierdo de la cara donde te detuviste antes de moverte a la frente. Entre esta zona sombreada y los labios tenemos una parte un poco más brillante que recibe más luz, así que omítela por ahora y sombrea alrededor de la esquina izquierda de los labios. Estudia la siguiente imagen cuidadosamente antes de comenzar a sombrear.

Sigue aplicando movimientos circulares todo el tiempo.

Para que comprendas mejor qué áreas he sombreado en este paso, las he delineado con líneas digitales que puedes ver en la siguiente imagen.

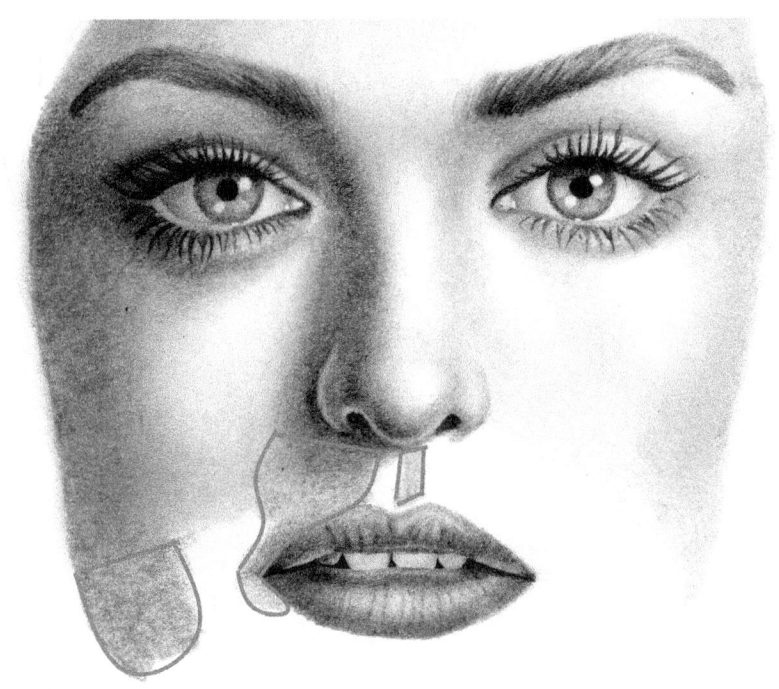

Y aquí puedes ver cómo se ven sin líneas digitales. Entonces, utilicé un HB para todas estas partes.

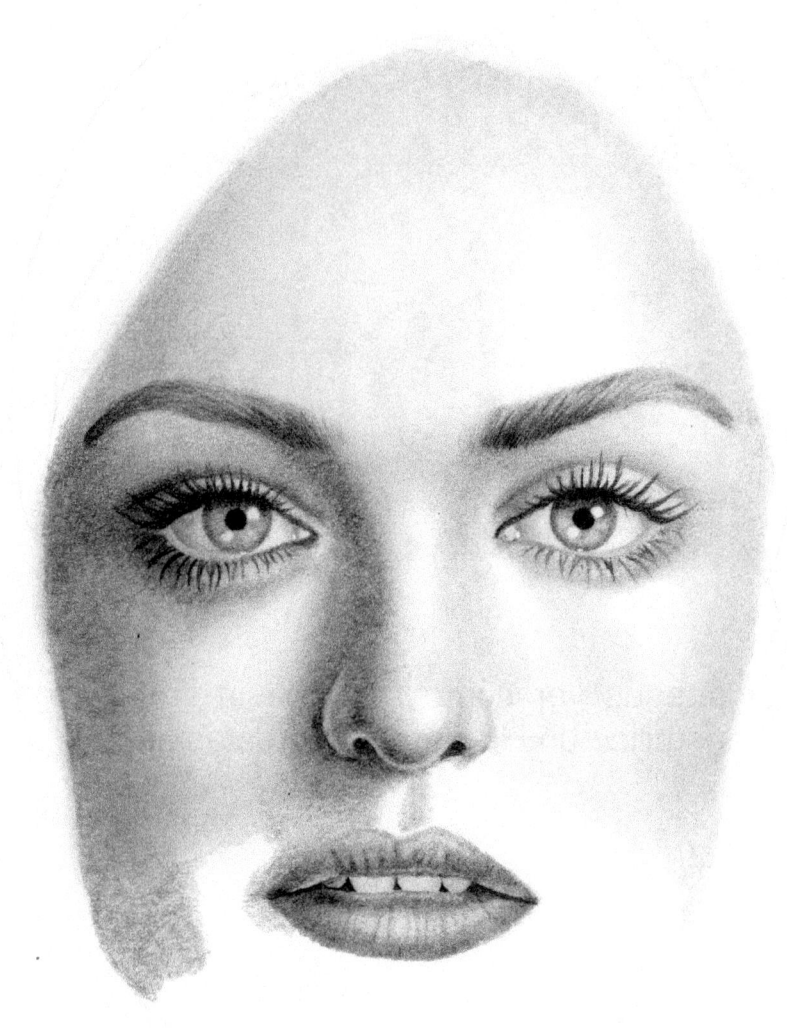

Ahora podemos sombrear el resto de esta área con un 2H. Esta es el área que dejamos intacta en el paso anterior. Este punto culminante es mucho más brillante que las áreas circundantes, pero aún es mucho más oscuro que el punto bajo el ojo izquierdo, que también es mucho más oscuro que el punto bajo el ojo derecho. Por lo tanto, debería haber una diferencia entre los tonos de los resaltados, y lo mismo ocurre con las sombras.

Presiona menos en el centro de este resaltado y presiona más fuerte mientras sombrees hacia las áreas previamente sombreadas para crear una transición gradual.

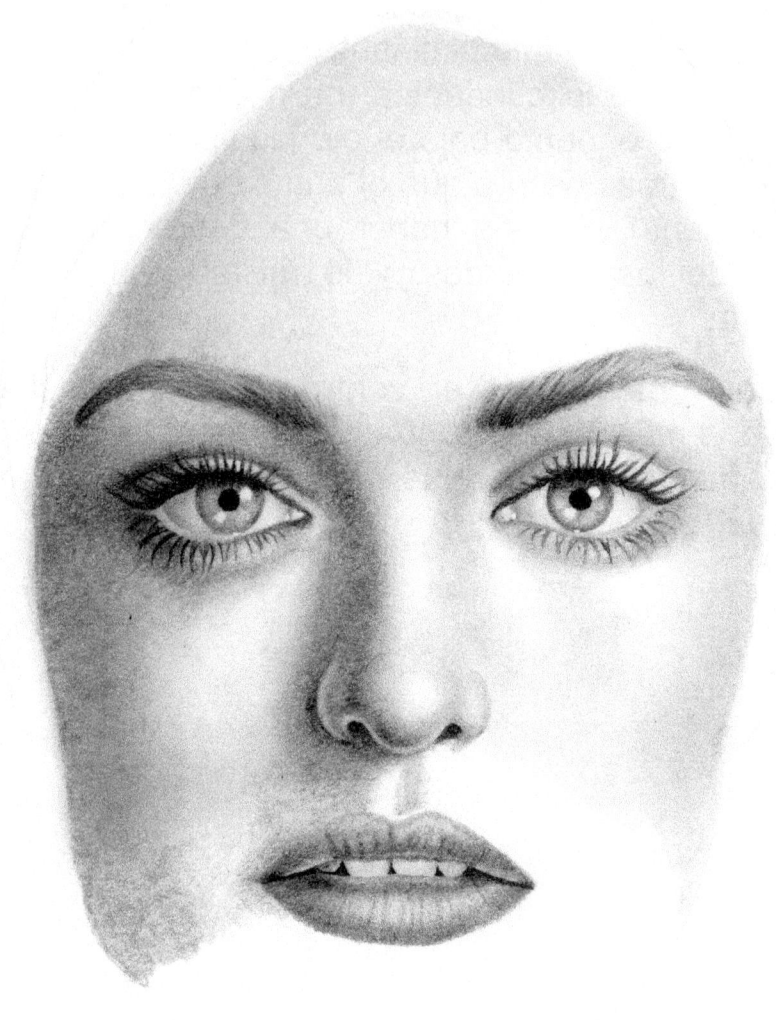

Mezcla todo esto con un pañuelo de papel, comenzando con los reflejos, utilizando un movimiento circular. Después de la mezcla, puedes ver si necesitas agregar más sombra o no.

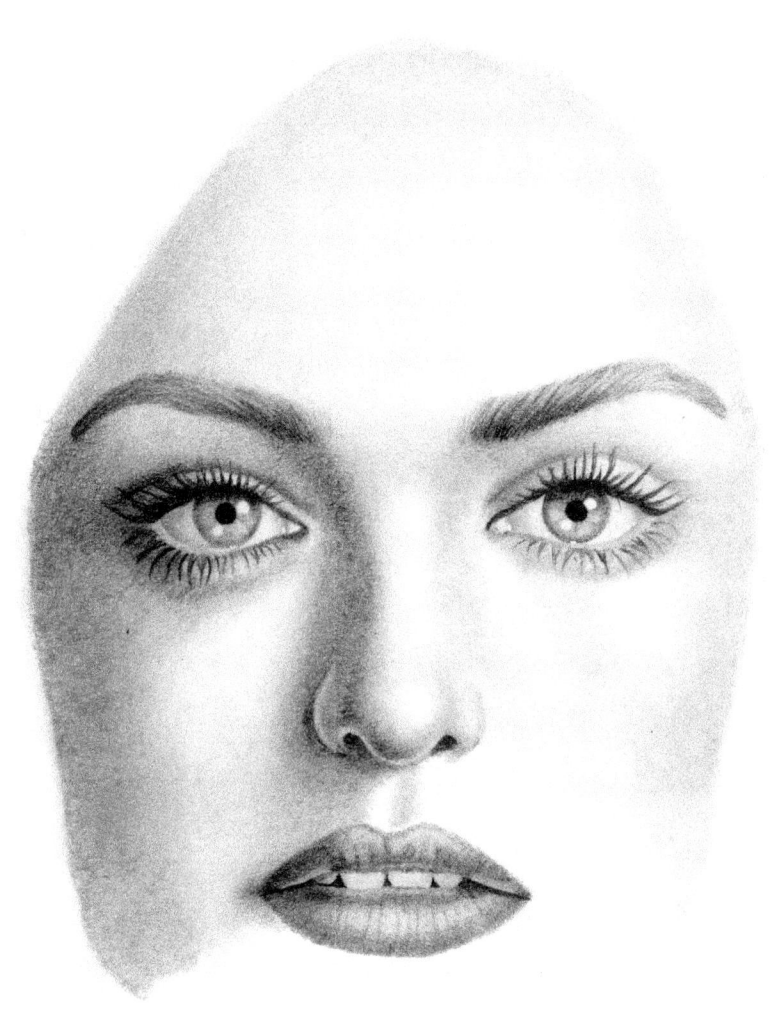

Ahora podemos continuar en el lado derecho, sobre los labios y toda el área alrededor de la esquina derecha de los labios. Sombrea todo, usando un movimiento circular de 6H, y no presiones demasiado. Mantén la misma presión para crear el mismo tono en todas partes. Mezcla todo con un pañuelo.

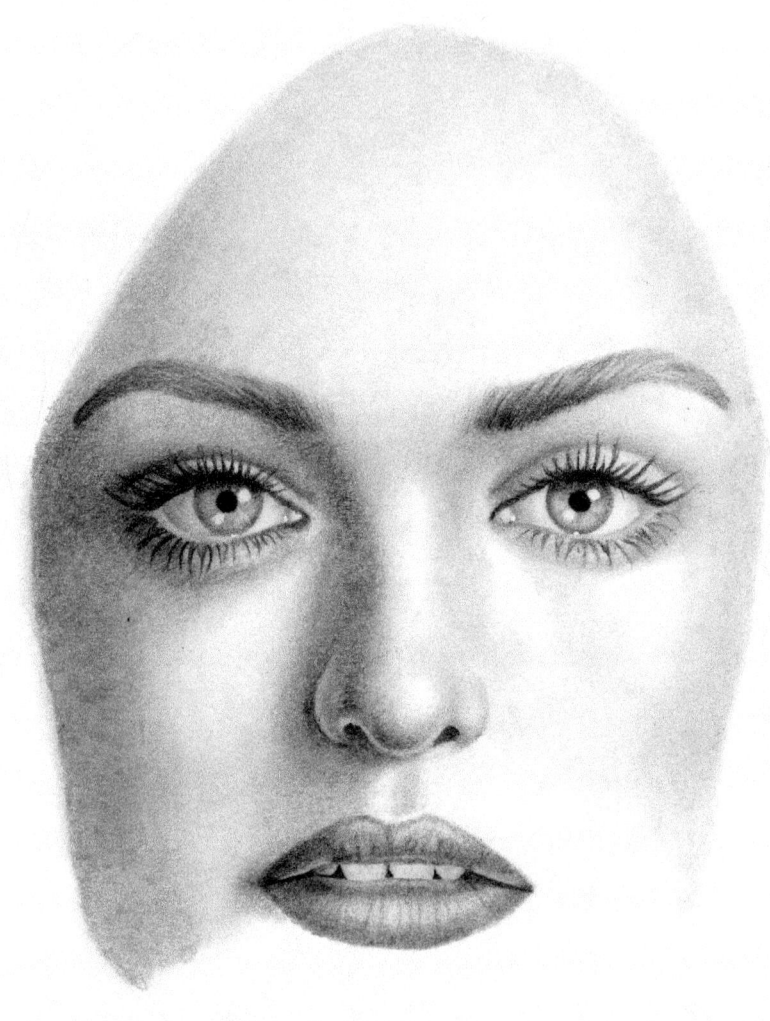

Ahora podemos continuar en el lado derecho de la cara que sombreamos con 2H también usando movimientos circulares. Presiona con más fuerza en el lado derecho y libera la presión a medida que sombreas hacia la boca. De esta manera, estás creando la redondez de la cabeza, o, en realidad, de la cara, sombreando más en los lados derechos y menos en el medio.

Podemos dejar el mentón para la última fase de este dibujo. Entonces, enfócate en un área pequeña a la vez. Poco a poco, se convertirá en una imagen completa. Sombrea la esquina derecha de los labios presionando con fuerza junto a los labios y haz que este sombreado desaparezca en el tono circundante.

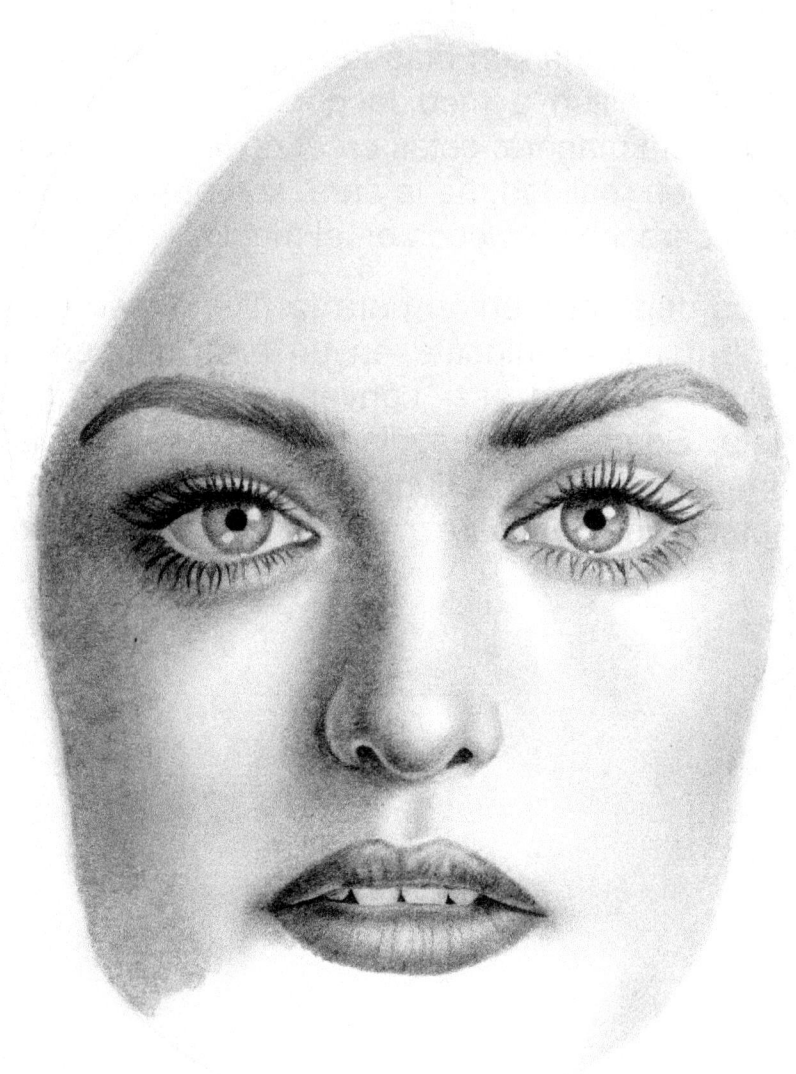

Terminemos el rostro sombreando el resto del área inferior. Con un lápiz HB, comienza a sombrear la sombra proyectada debajo del labio inferior, presiona más fuerte y continúa hacia el lado izquierdo de la barbilla. Además, sombrea el borde de la mandíbula, aún utilizando un HB y movimientos circulares. Un HB es bastante oscuro para esta área, y tenemos que dejar de lado el área en el centro de la barbilla, que recibe mucha luz.

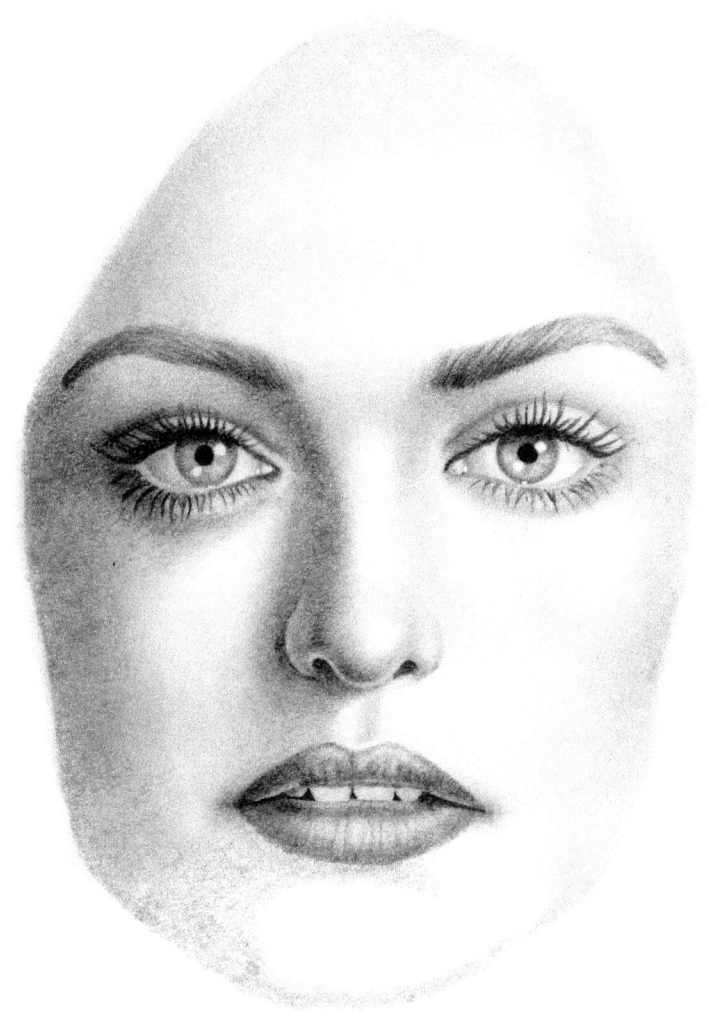

Sombrea las partes entre los resaltes y el área previamente sombreada. Así que, básicamente, simplemente deja el centro de la barbilla sin tocar y sombrea a su alrededor con un 3H. Como siempre, presiona más fuerte al lado del área de HB y libera la presión a medida que te diriges hacia las luces. Además, sombrea el resto de la parte inferior derecha de la cara, usando este tono muy brillante y una punta llana 3H.

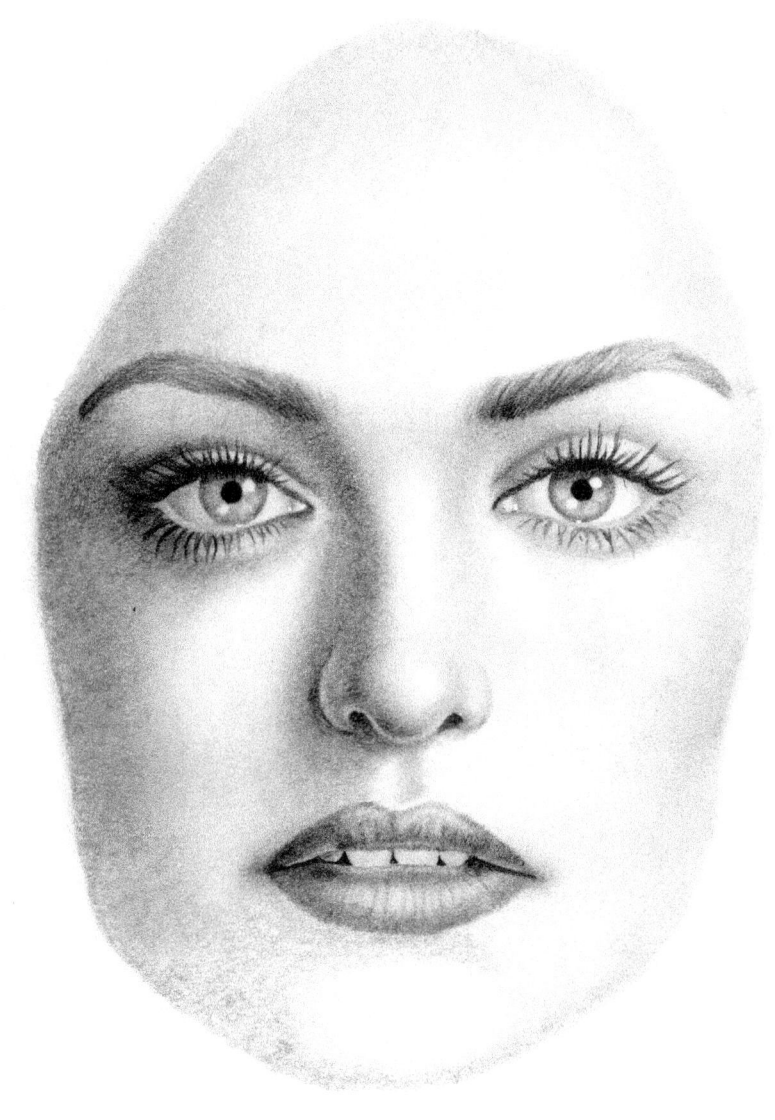

Usa un 6H para sombrear un poco más alrededor de los puntos destacados para mejorar la transición del degradado.

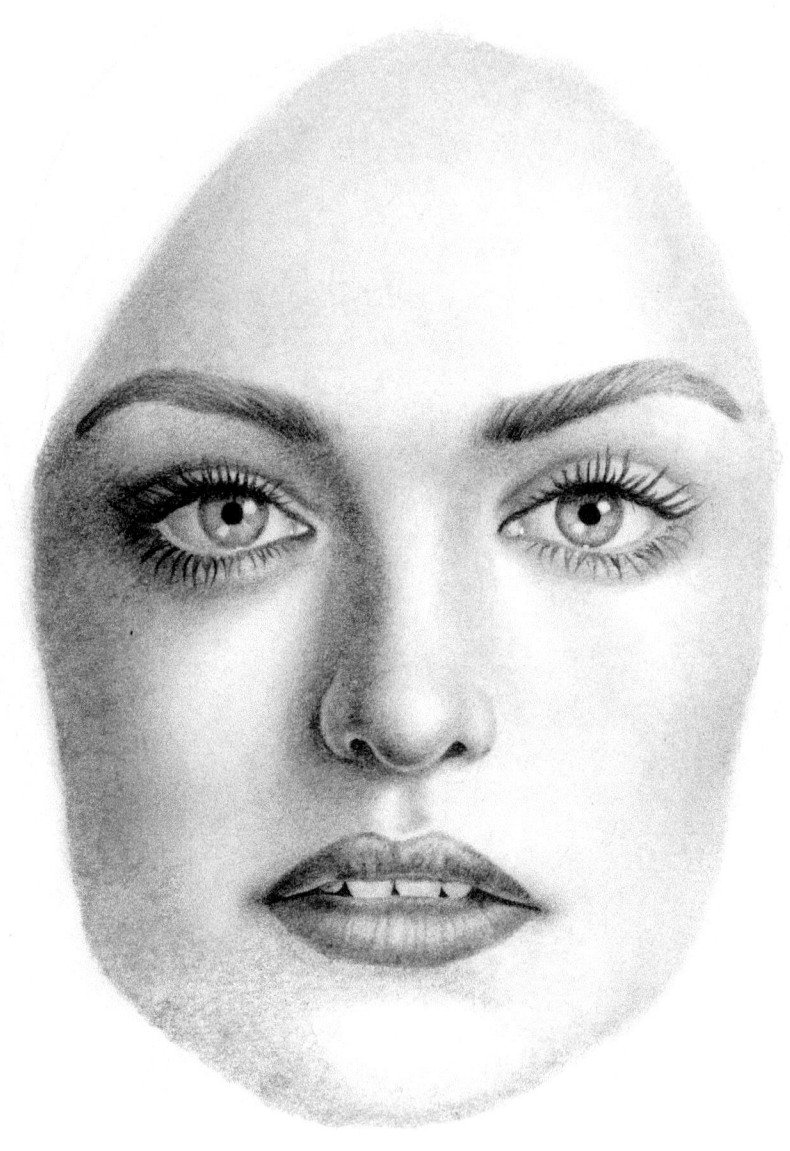

Mezcla todo esto con un pañuelo. He sombreado un poco el área del cuello mientras sombreaba el borde, pero no importa, porque la vamos a sombrear a continuación.

Comienza a mezclar sobre el área resaltada primero, usando una parte limpia de un pañuelo, aplicando movimientos circulares y mezclando hacia las áreas oscuras. También oscurecí un poco el área debajo del labio inferior, usando un muñón de mezcla, porque eliminé una gran cantidad de grafito con la mezcla. Esta sombra proyectada también sugerirá la forma del labio y lo lleno que está. Si es más oscuro, sugerirá una plenitud del labio. Cuanto más grande es la sombra, más grande es el labio. Entonces, todo es arbitrario. Puedes hacerlo de la manera que quieras.

Además, crea una luz reflejada debajo del labio borrando el borde inferior con un borrador. Esto agregará aún más a la redondez del labio.

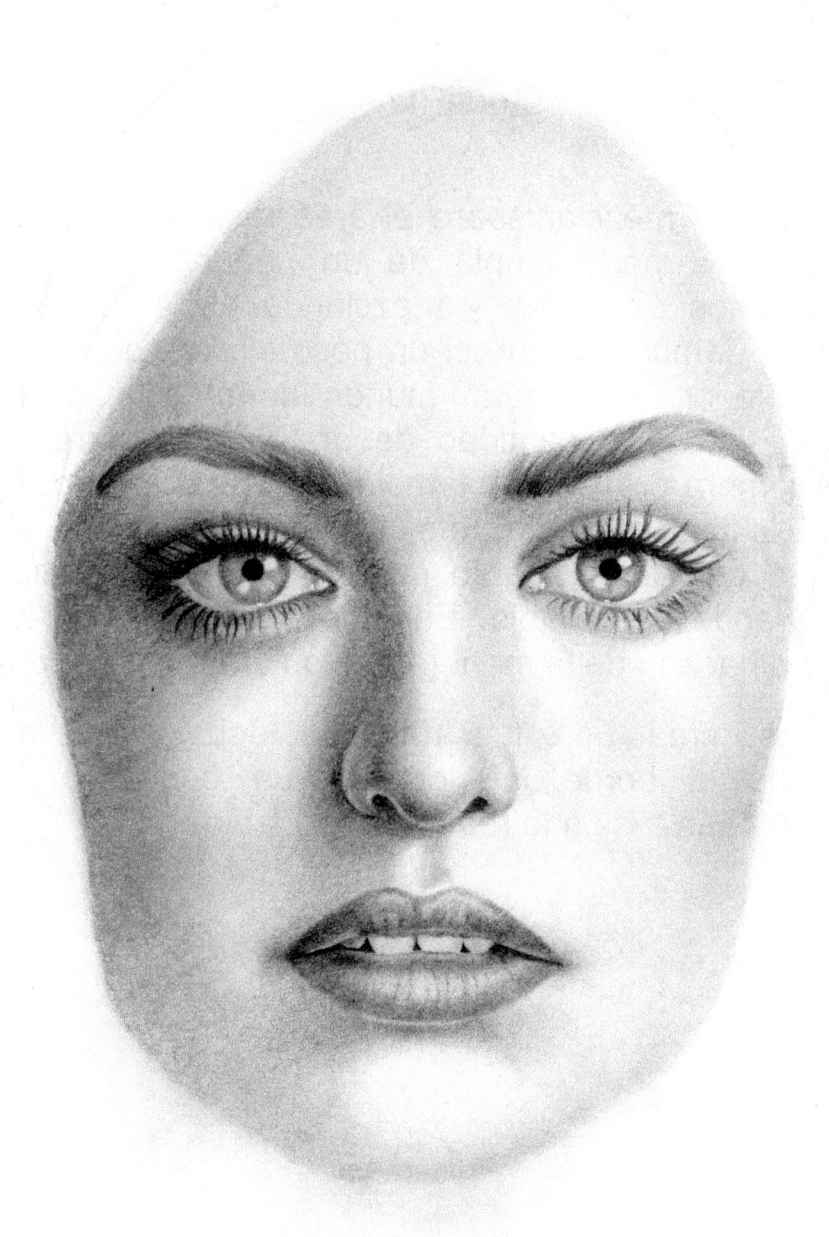

Sombreando la piel - Parte 3:

El cuello y la oreja

Todavía no hemos terminado con la cara. Lo único que queda es crear la luz reflejada sobre el borde de la barbilla. Pero antes de eso, tenemos que sombrear la parte del cuello que bordea la barbilla, para que podamos ver cuánta luz reflejada necesitamos. Por ahora, no sería muy visible si borramos el borde ahora y no sabríamos si es suficiente. Básicamente, estamos empezando a trabajar en el cuello y luego volveremos a la cara nuevamente para crear la luz reflejada.

Echa un vistazo a la siguiente imagen para ver dónde he empezado a sombrear el cuello. Estoy usando un 8B para crear la sombra proyectada por la cara sobre el cuello, y uso un lápiz muy oscuro para el área al lado de la barbilla. Y como siempre, mientras trabajas lejos de la cara, crea un tono más brillante. Ahora, el tono de la sombra también depende del tipo de cabello que quieras dibujar. Si quieres dibujar un cabello largo o negro, debes usar tonos muy oscuros. Pero si quieres dibujar cabello rubio o corto, debes usar una B para el área que he sombreado. Por lo tanto, siempre usa algunos tonos de matices más brillantes que los que utilizo en este paso en particular. Pero, no deberías probar en este retrato. Por ahora, es mejor si sigues y haces lo mismo. Luego puedes experimentar y hacer muchas cosas de manera diferente.

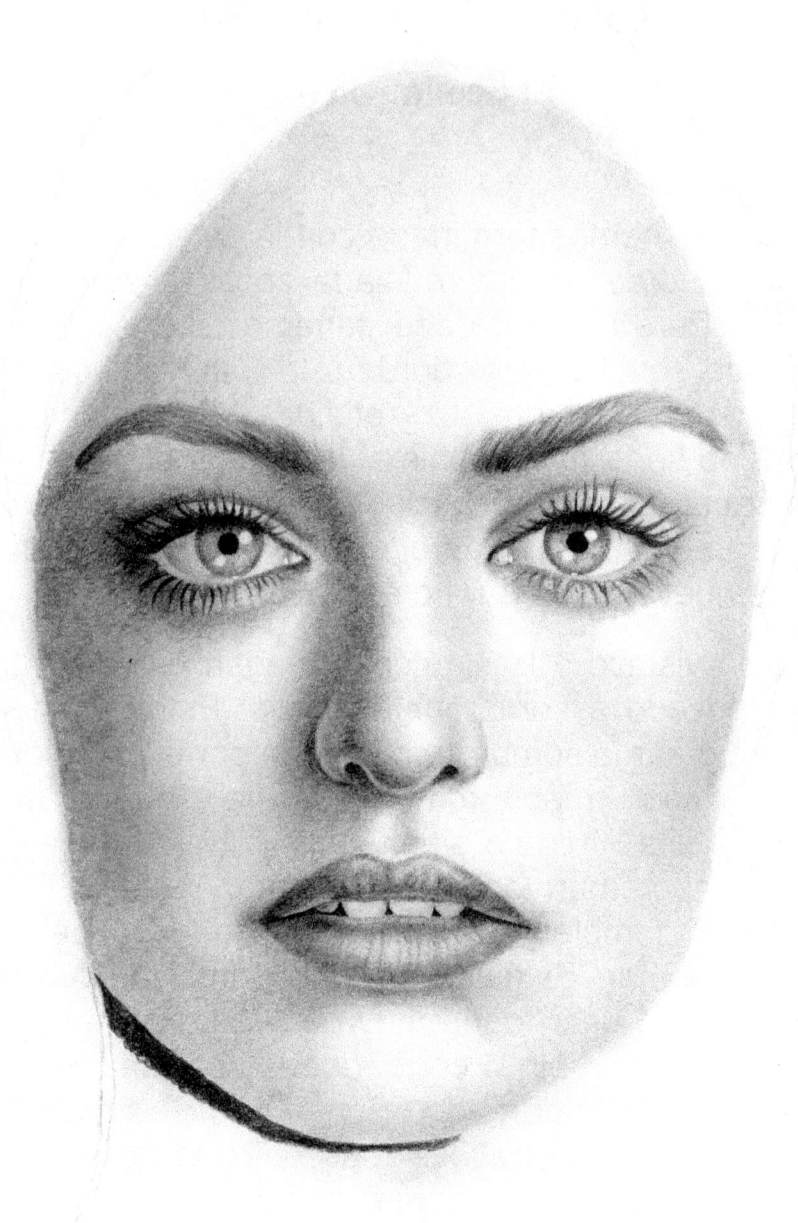

Como continuación de esta área 8B, usa una B al lado, presiona con más fuerza sobre el área 8B y presiona menos a medida que trabaja lejos de la cara.

Aquí también, aplicar el circulismo todo el tiempo. Dado que nuestra fuente de luz proviene de la esquina superior derecha, proyectará una sombra muy fuerte y enorme en la esquina superior izquierda del cuello. Solo imagina la forma de la barbilla, o mira en el espejo, pero coloca la fuente de luz en el área superior derecha de su cara y vea qué tipo de forma de la sombra proyectará la barbilla. Si parece que está demasiado oscuro, lo mezclaremos con un pañuelo de papel y eliminaremos un poco de grafito, así que simplemente usa los tonos oscuros con confianza.

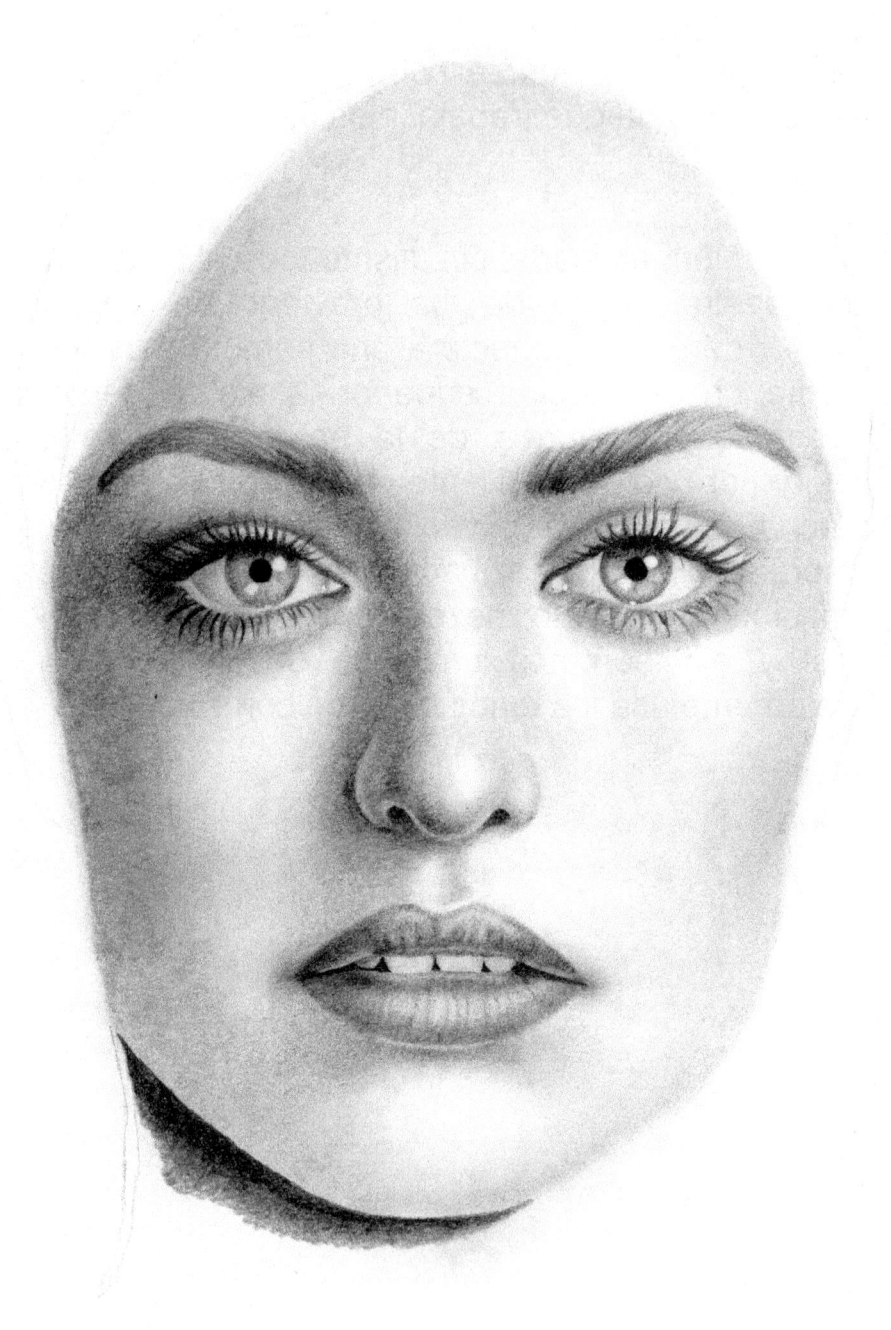

Ahora que hemos creado una parte limítrofe de esta sombra proyectada, podemos volver a la cara para crear una luz reflejada. Pero no tienes que borrar realmente el borde de la luz reflejada porque es bastante brillante, tal vez incluso demasiado brillante. Entonces, utilizando un HB, sombrea el área de la barbilla, pero deja fuera el borde, alrededor de un milímetro aproximadamente, y sombrea al lado de este borde. Pero, por supuesto, incluso puedes borrar un poco el borde si lo deseas. Sugeriría una piel muy brillante, pero puedes intentarlo de todos modos. Si es demasiado brillante, simplemente cúbrelo con grafito otra vez. No tengas miedo de usar tonos oscuros; puedes cometer cualquier error porque practicas de esta manera y ganas experiencia. Los tonos oscuros agregarán profundidad a tu dibujo.

A medida que dibujas hacia el centro de la cara, presiona cada vez menos para crear esa transición de gradiente. Puedes ver, después de haber sombreado esta área, que el borde se volvió más brillante, pero no he iluminado la luz reflejada. Así es como mejoramos el brillo, sombreando a su alrededor. Ahora el mentón aparece mucho más redondo y más tridimensional.

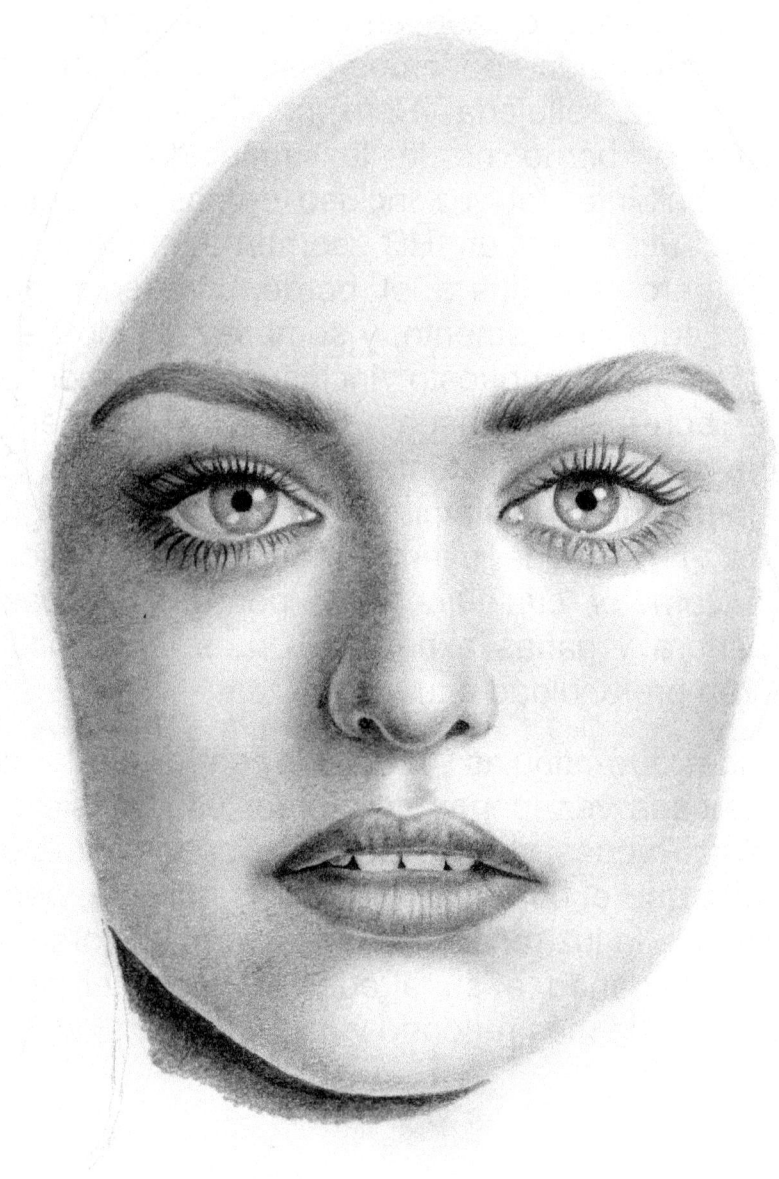

No vamos a dibujar gran parte del cuello porque
queremos enfocarnos en la cara en este tutorial, pero

como puedes ver, la parte superior del cuello también es importante dibujarla debido a esta sombra proyectada. Entonces, terminemos de sombrear un poco del cuello bajo esta sombra proyectada y también en el lado derecho, más brillante.

Usando un HB, continúa dibujando la sombra proyectada debajo del área sombreada con una B, en realidad, allí donde nos detuvimos antes de regresar a la cara. Ahora sombrea un área un poco más grande, como se muestra en la siguiente imagen, y también continúa sombreando debajo de la barbilla en el lado derecho. También tenemos que tener una sombra en el lado derecho, pero no tan oscura y grande como en el lado izquierdo, por lo que un HB es suficiente, pero no presiones demasiado. Deberías crear esta marca y aumentar lentamente su tamaño a medida que te acercas hacia el área media. Esto sugerirá que la parte superior de la barbilla se encuentra bastante más alejada del cuello que el lado derecho de las esquinas de la barbilla. También en este caso, aplica movimientos circulares y presiona más fuerte junto a la cara, justo debajo de la cara, y libera la presión a medida que la sombra hacia abajo. Básicamente, en el lado derecho deberíamos tener una sombra muy pequeña y brillante, y en el lado izquierdo una sombra muy oscura y grande. Si quieres dibujar un retrato masculino, piensa en la manzana de Adán, la cual también proyectaría la sombra. Vamos a combinarlo todo, pero antes de eso, también tenemos que crear las áreas más brillantes. Ahora puedes ver cómo la cara realmente parece estar más cerca de nuestros ojos debido a la sombra que se proyecta sobre el cuello.

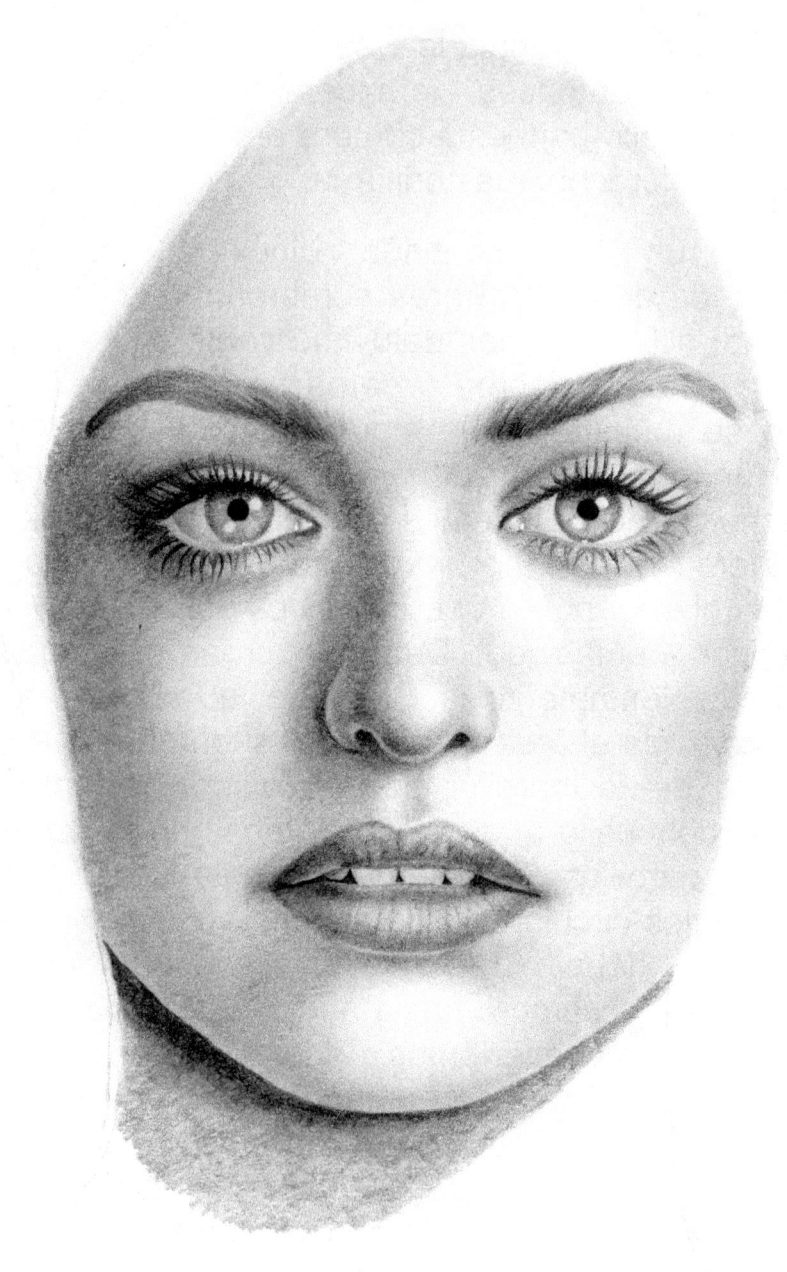

Usando un lápiz 2H, sombrea bajo las áreas de HB. Presiona muy fuerte al lado, y luego, mientras trabajas lejos de esta, presiona cada vez menos, esa transición de gradiente también es importante aquí. Sombrea el borde del cuello en el lado izquierdo y, como siempre, presiona más fuerte al lado del borde. Esto hará que el cuello aparezca redondo.

En la siguiente imagen puedes ver qué área dejé intacta. Esta área debería ser la más brillante.

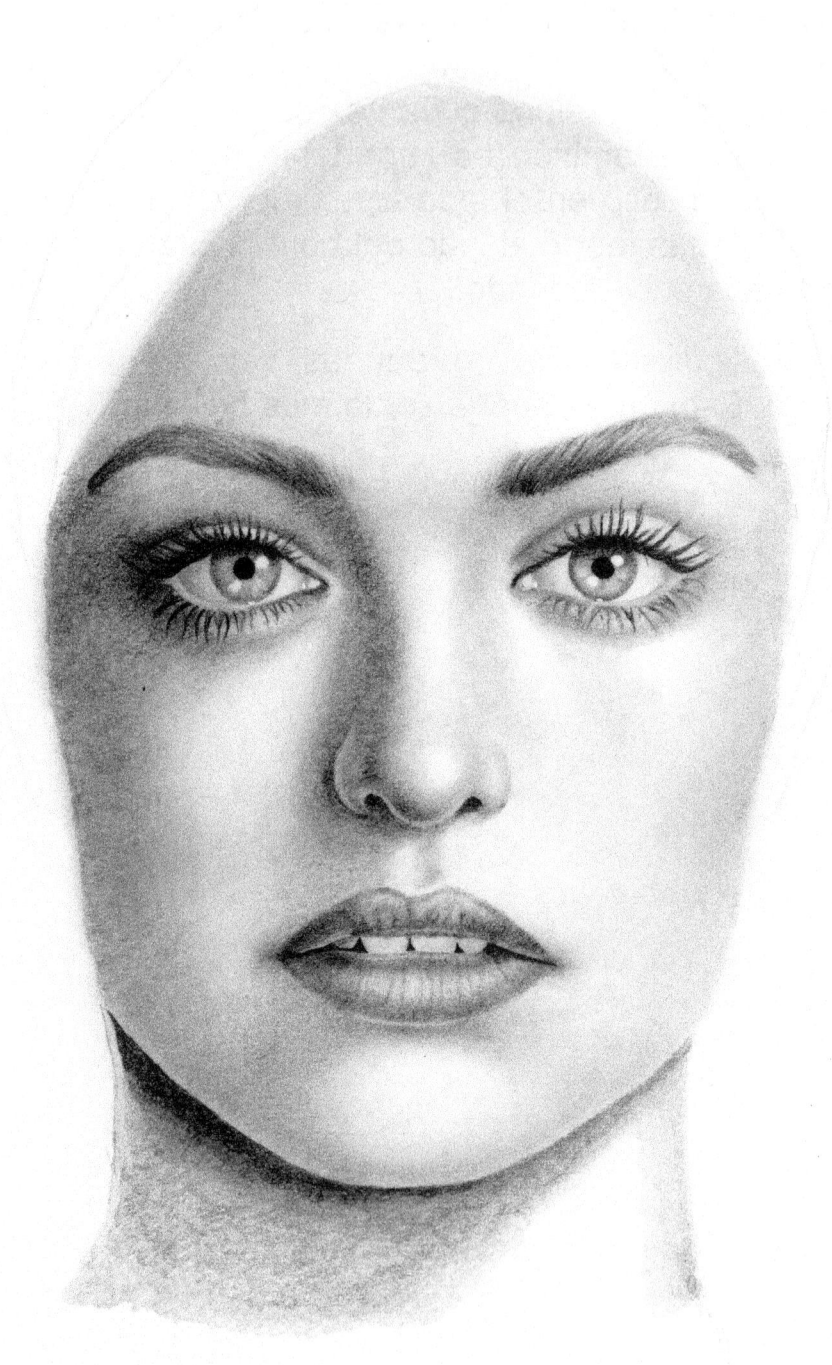

Entonces, termina de sombrear el cuello con un 6H y cubre el área que queda sin sombrear. Esta área también tiene que estar sombreada, no debe permanecer blanca.

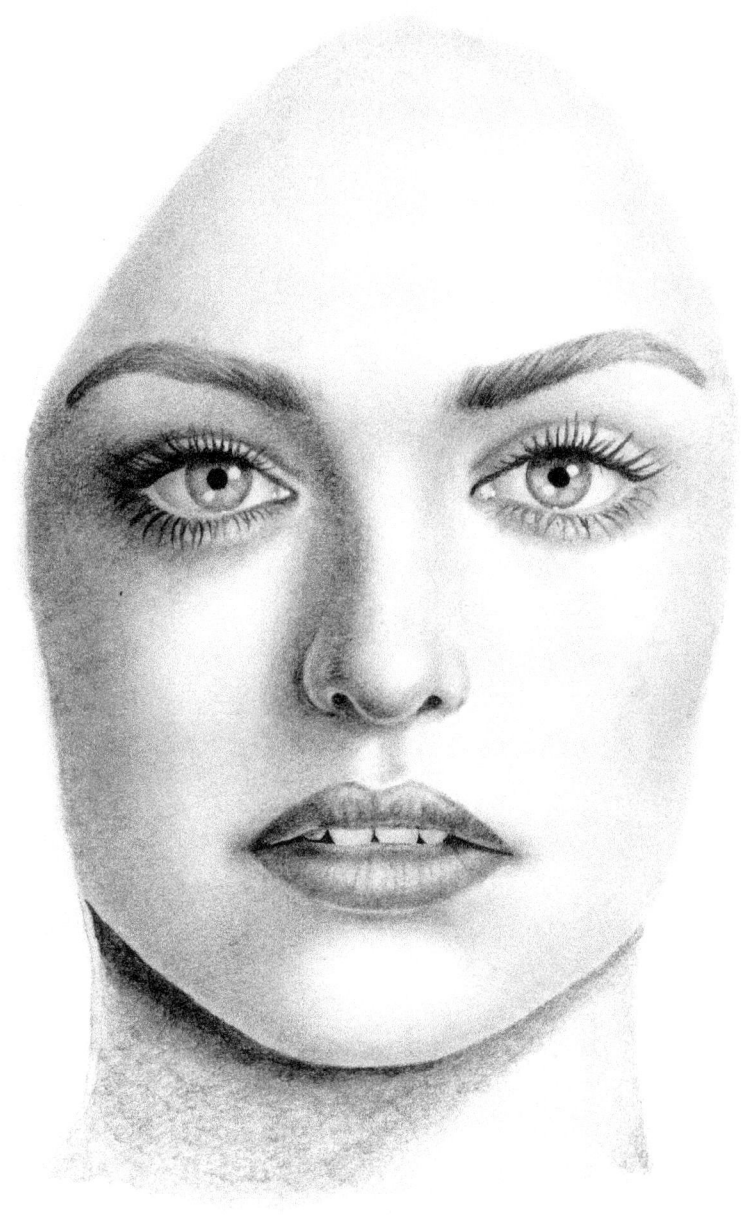

Ahora podemos mezclarlo todo con un pañuelo, comenzando con los aspectos más destacados. Presiona fuerte para imprimir el grafito en el diente del papel. Ahora puedes sombrear más donde quieras y mezclarlo de nuevo.

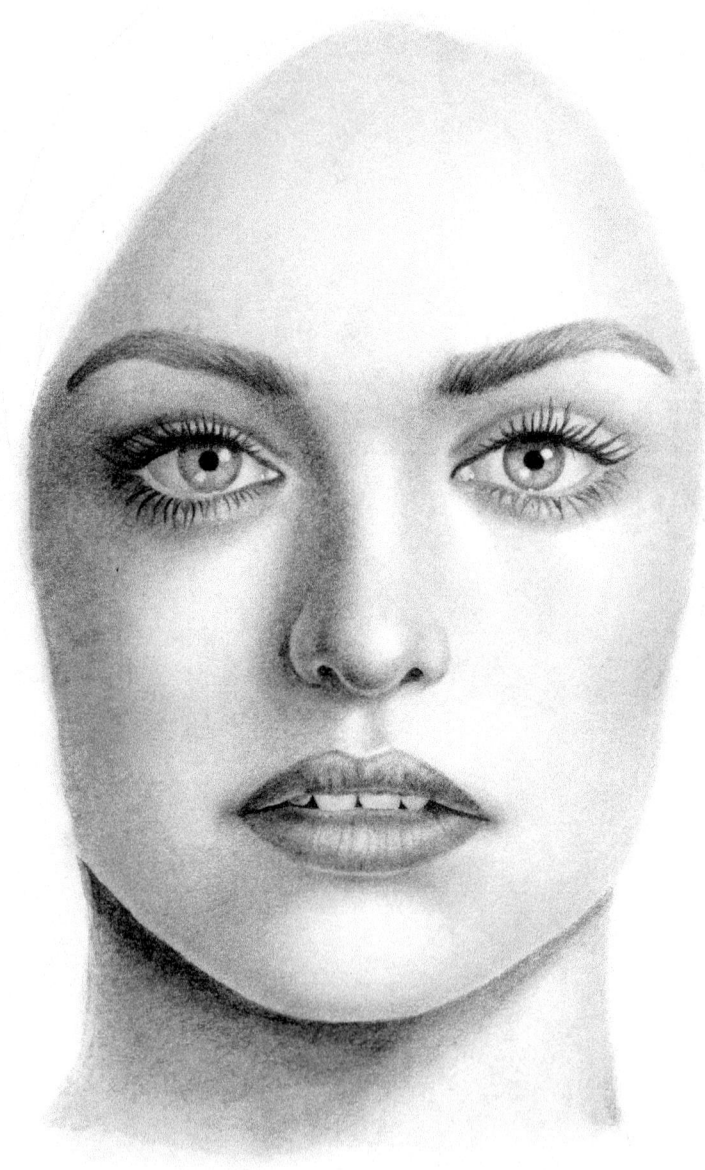

Déjame mostrarte cómo sombrear la oreja, si quieres hacerlo también aquí o en tus futuros retratos. Comienzo con un HB, marcando las áreas más oscuras que reciben menos luz y proyectan sombras. Puedes consultar fotos de referencia. No deberías usar un lápiz más oscuro aquí. Si dibujamos la oreja izquierda, sería una historia diferente porque ese lado está en una sombra muy fuerte.

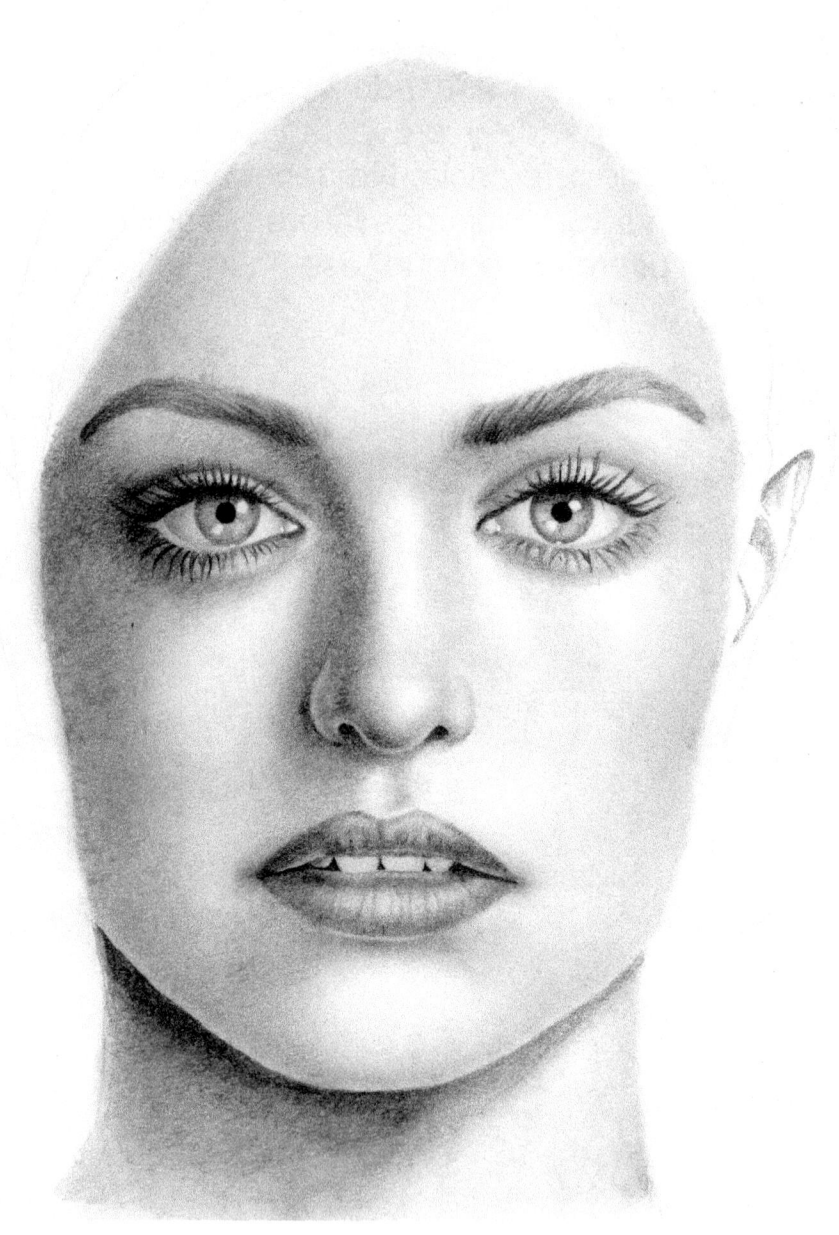

Usa una 6H para cubrir el resto de la oreja y marca algunos puntos destacados con un borrador.

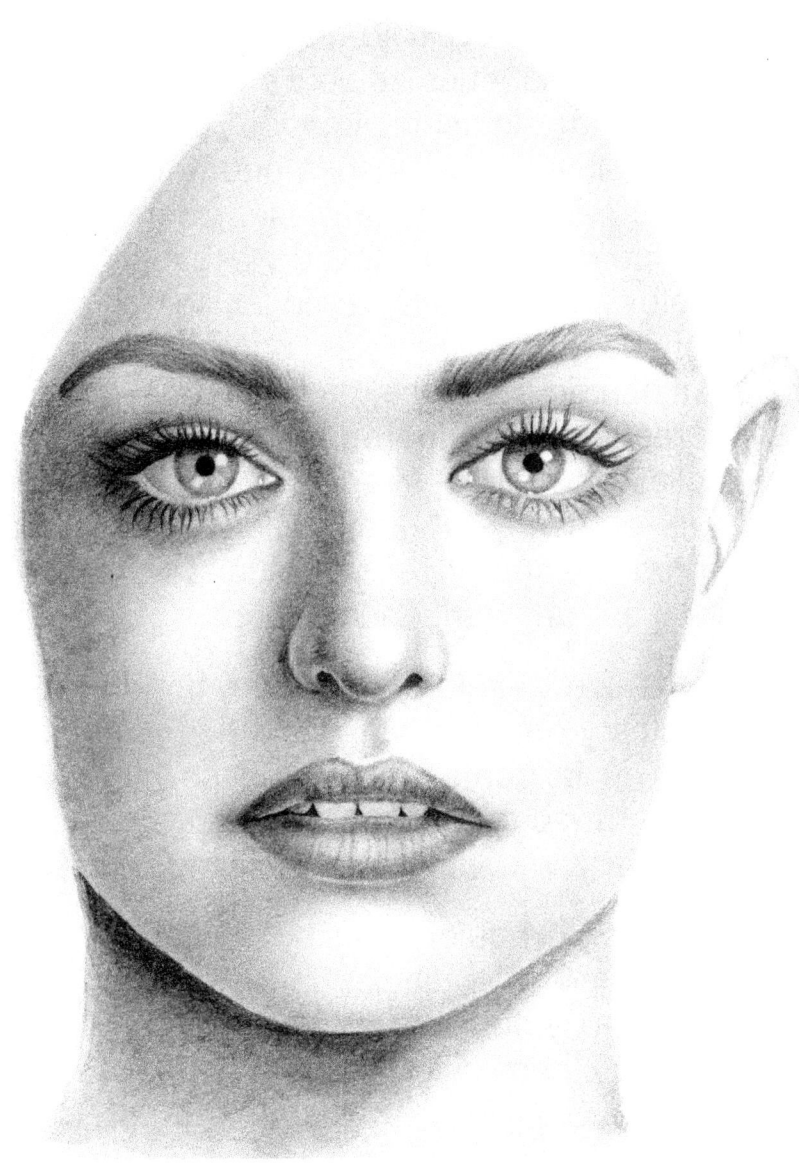

Cómo dibujar pelo

Ahora podemos empezar a dibujar el pelo.

Tenemos la dirección del flujo del cabello, por ejemplo, aquí o en la parte superior izquierda de la cabeza. Echa un vistazo a la siguiente imagen para ver cómo comencé y las líneas con flechas que debes seguir en los siguientes pasos. De esta manera obtendremos lo más destacado a mitad de camino y el cabello parecerá brillante. Estoy usando un lápiz mecánico con plomo 2B en él. Entonces, dibuja los pelos, uno por uno, hacia el punto culminante, como se muestra en la siguiente imagen. Presiona más fuerte al lado de la raíz del cabello, aplica movimientos rápidos y libera la presión a medida que te acercas al punto culminante. Cambia la presión sobre tu lápiz y repasa algunas áreas varias veces para crear una variedad de tonos.

Puedes comenzar al lado de la frente, donde los oídos son más rectos y hacerlos más curvados a medida que trabaja lejos de la frente. Dibuja mucho más sobre el contorno del cráneo que creamos desde el principio. El contorno del cabello debe colocarse lejos del cráneo.

Dibujar el cabello requiere mucho tiempo, a menudo toma más tiempo que dibujar toda la cara, así que tómate tu tiempo y concéntrate en un área pequeña a la vez. Si eres zurdo, este lado puedes ser más difícil de dibujar, pero para los diestros el lado derecho será más difícil de dibujar porque no es tan práctico. De todos modos, puedes girar el papel para que sea más accesible, pero no olvides apoyar la mano en un papel limpio que coloques sobre el dibujo para evitar mancharlo. Puedes ir por la frente todo lo que quieras, puedes cubrirlo más o menos. Dibuja algunos pelos por toda la cara y sobre el fondo al azar.

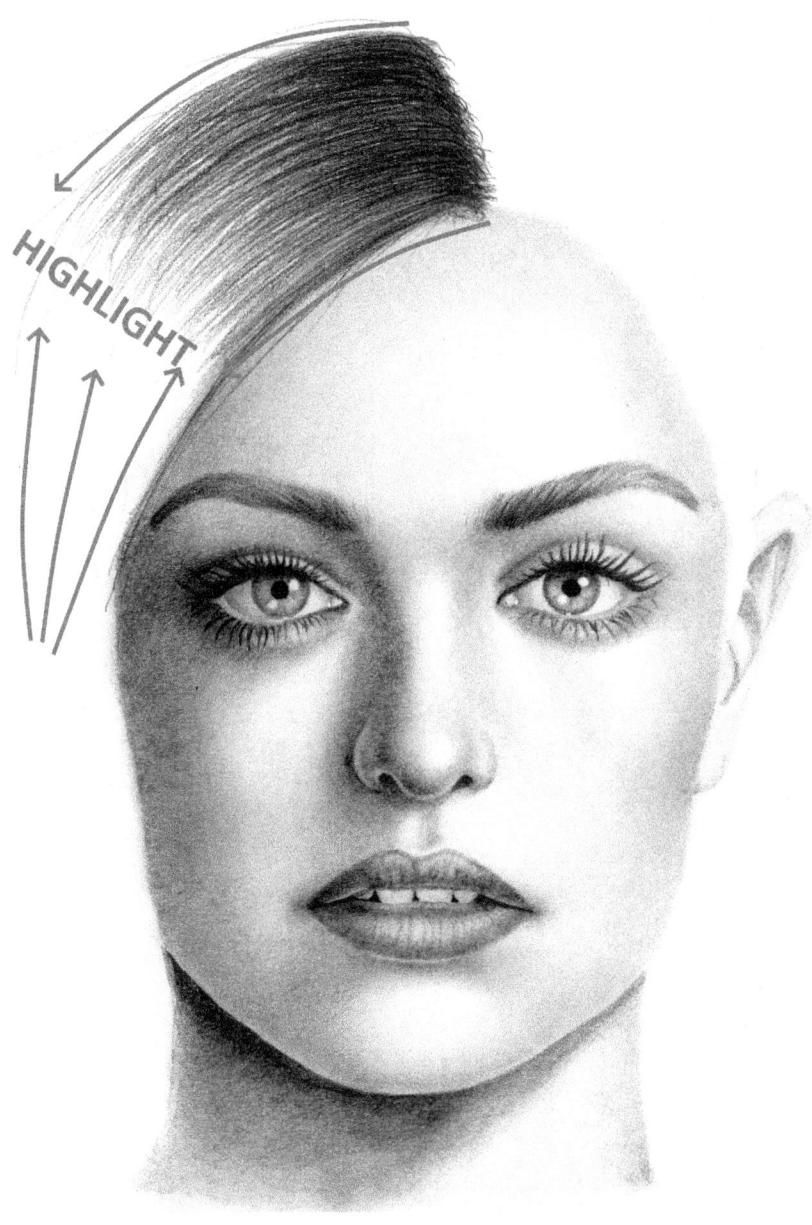

Lo siguiente es dibujar desde la dirección opuesta hacia los resaltes, siguiendo las líneas de flecha que coloqué digitalmente en la imagen anterior. Aún utilizando un cable 2B en un lápiz mecánico, o un lápiz 2B bien afilado, comienza en el extremo inferior, donde quiera que esté, y dibuja cada cabello hacia arriba. Como siempre, presiona con más fuerza sobre los puntos de inicio y libera la presión a medida que avanza hacia los puntos destacados.

Puedes ver que este resalte en el medio ya le da un efecto brillante al cabello. Algunos de los pelos pueden pasar por alto.

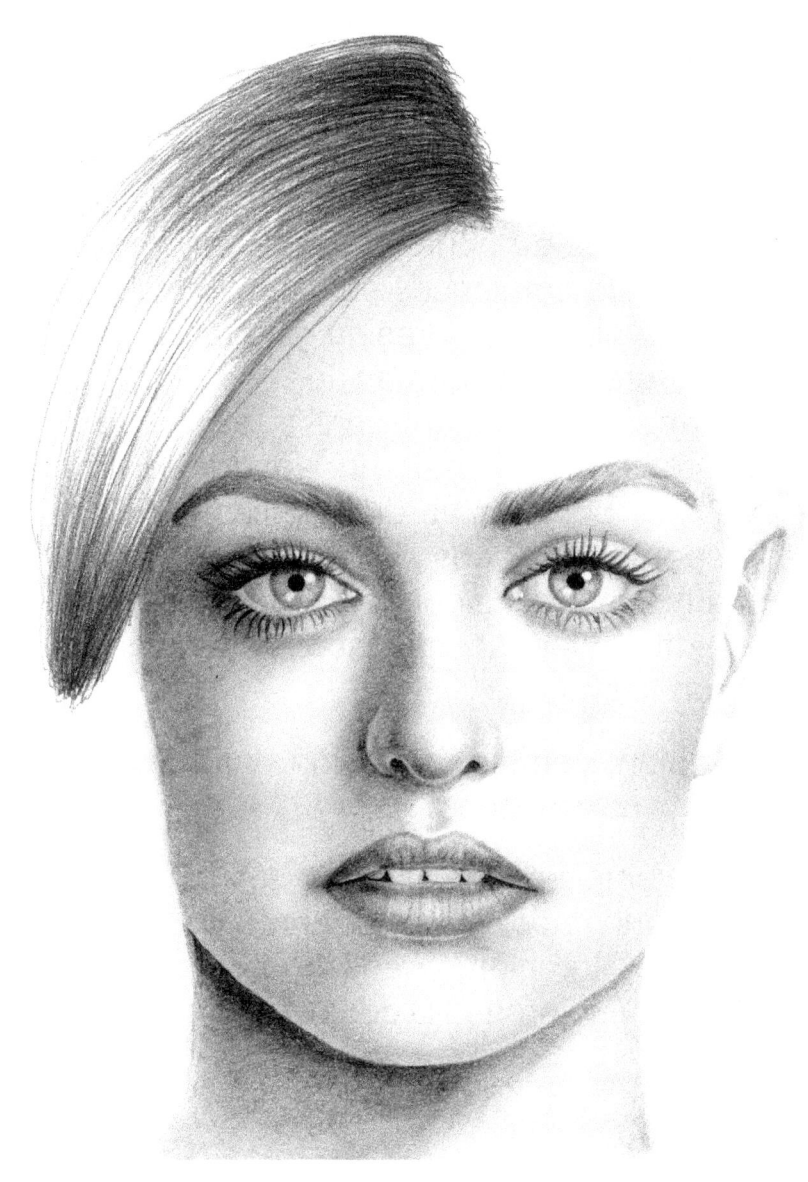

Ahora debes cambiar tu mina a un HB o más brillante y continuar sobre esta área más brillante. Si no tienes un lápiz mecánico, solo usa un lápiz bien afilado y, por supuesto, puedes elegir tonos diferentes a los que tengo. Comienza de nuevo con los pelos previamente dibujados, no en su punto de inicio, sino en algún lugar sobre ellos. No comiences sobre los resaltados porque ya deberías liberar la presión y levantar la punta del lápiz. No presiones demasiado porque el resaltado debe permanecer bastante brillante. Quiero dibujar un cabello castaño brillante, por lo que los reflejos no deberían ser blancos, pero si dibujas rubio, los reflejos pueden permanecer absolutamente blancos en algunas áreas muy iluminadas donde el cabello se dobla. Dibuja desde ambos lados siguiendo la dirección de esas líneas con flechas.

Aquí también, cambia la presión para crear pelos más brillantes y más oscuros.

En la siguiente imagen puedes ver que no he dejado nada en blanco, toda el área del resaltado está cubierta con un HB. Y también, puedes ver cómo el resaltado y las sombras sugieren la redondez de la cabeza.

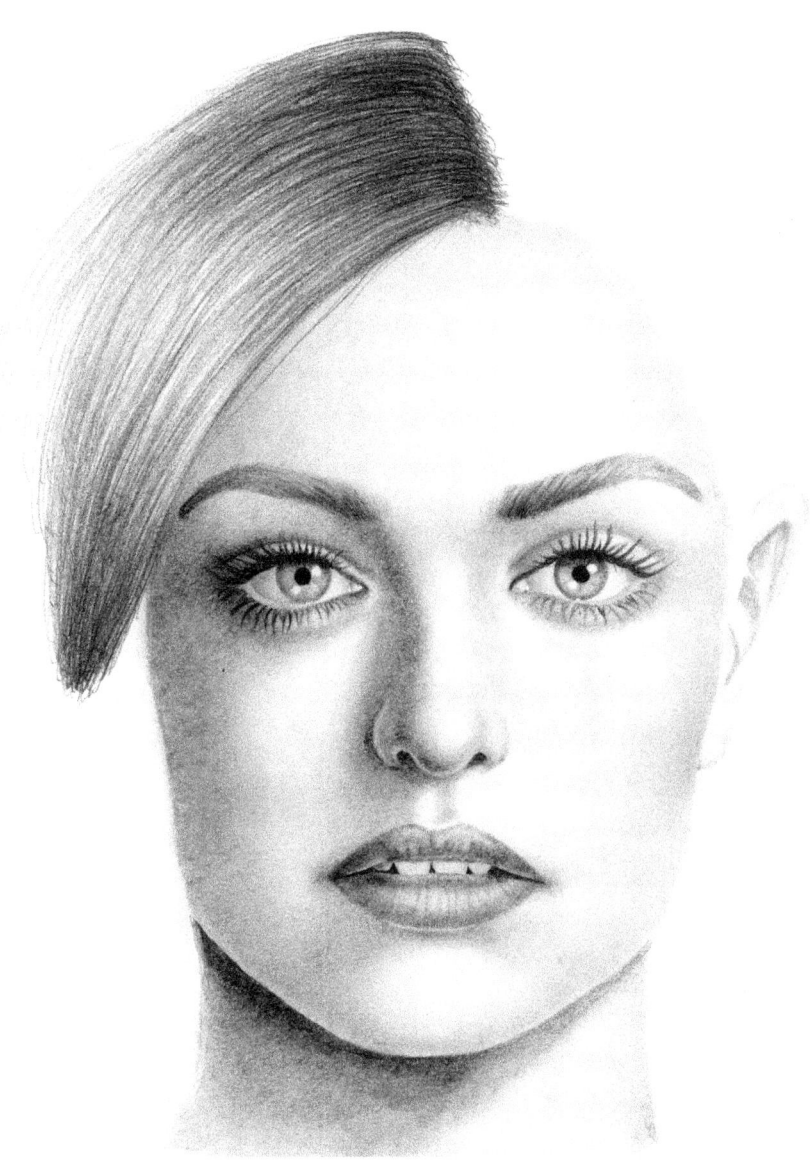

Mezcla todo con un pañuelo de papel, comenzando en el medio, sobre las áreas más brillantes, y mezcla hacia las partes más oscuras. No debes usar movimientos circulares ahora, sino seguir esas líneas marcadas, solo en la dirección opuesta, comenzando con el resaltado. Toma un pañuelo nuevo cuando el pañuelos se ensucie para evitar aplicar demasiado grafito sobre los reflejos. En la siguiente imagen, puedes ver cómo el cabello se ve menos áspero y más suave.

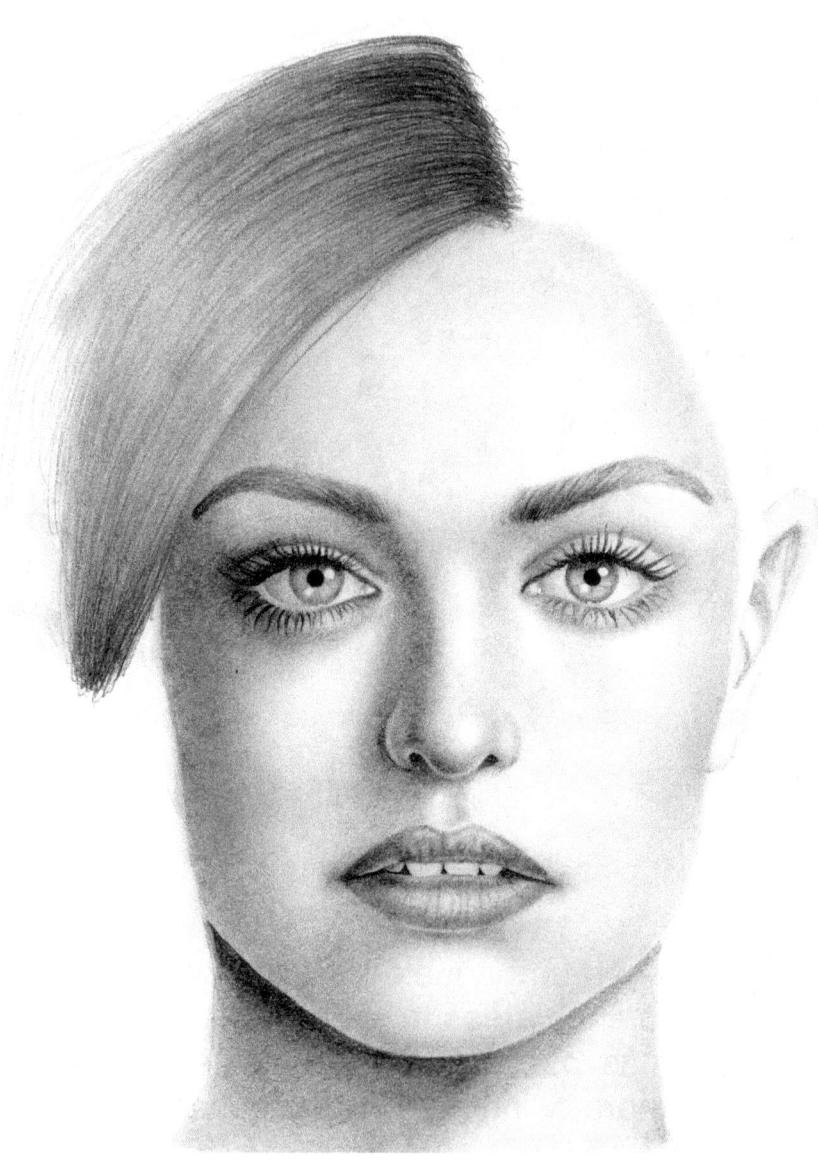

Agrega algunos pelos resaltados en el medio y en todo el cabello, repitiéndolos de manera impredecible, al azar, haciendo movimientos rápidos. Usa la punta afilada de un borrador y borra los pelos sueltos. También, presiona aquí en el medio del punto culminante y borra los mechones hacia el cabello más oscuro. Si estás exagerando con el resaltado, simplemente repásalo nuevamente con un pañuelo y el resaltado desaparecerá.

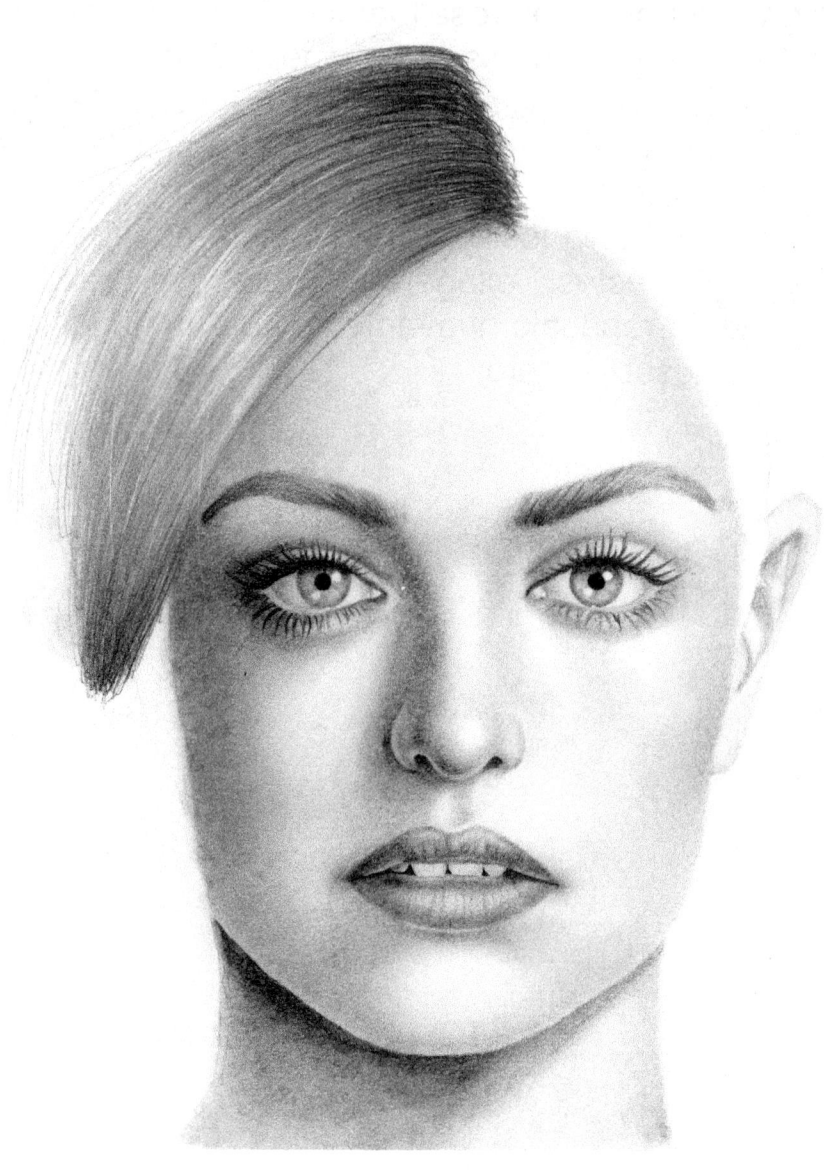

Ahora podemos agregar más sombras junto a las raíces del cabello, utilizando un 8B o cualquier otro lápiz muy oscuro. Simplemente evita pasar por encima de los pelos resaltados que acabas de crear, y haz algunas áreas más oscuras con un lápiz muy oscuro.

Mezcla un poco con un tocón de mezcla. No mezcles ahora con un pañuelo porque puedes repasar los reflejos y oscurecerlos de esta manera.

Agrega algunos bloques más oscuros sobre el área resaltada, usando un HB, presionando ligeramente y mezclándolos con un muñón de fusión. Compara mi imagen anterior y la siguiente para ver la diferencia y observa lo que he hecho en este paso.

Además, aún utilizando un 8B, dibuja el pelo al lado de la cara, debajo de la parte que dibujó con un 2B. De esta manera, el final de este bloque se abrirá, aunque también es bastante oscuro. Dibuja junto a la cara con cuidado, porque al dibujar el cabello a su lado, le da forma a la cara y puedes arruinar toda la forma de la cara. Presiona muy ligeramente primero, y si todo se ve bien, repáselo con un lápiz 4B o más oscuro. Esta área debe ser muy oscura porque no recibe luz; incluso la oreja no sería visible, por eso considero inútil sombrear esta oreja cuando sombreaba la oreja derecha. Si tenemos más fuentes de luz, otra también que venía del lado izquierdo, sería un tipo diferente de sombreado, y también más difícil, pero esta vez quise simplificarlo.

No cubras toda el área del lado derecho, solo dibuja alrededor de la mitad de una pulgada o 1.5 centímetros al lado de la cara. El resto del cabello, su parte exterior, debe dibujarse con matices más brillantes en los siguientes pasos, ya que queremos dibujar un cabello castaño brillante. Dibuja un poco de vello rápido sobre la cara para que se vea más natural.

Aquí tienes que decidir qué tipo de corte de pelo quieres dibujar. Quiero que el pelo no sea demasiado largo, no demasiado corto, sino solo para dibujarlo todo el tiempo para cubrir el papel hasta la parte inferior donde he dejado de dibujar el cuello. Quiero que la parte interna (más oscura) del cabello fluya hacia el cuello, así que solo estoy dibujando los trazos sobre él con un 8B, pero la mayoría del cabello está detrás del cuello.

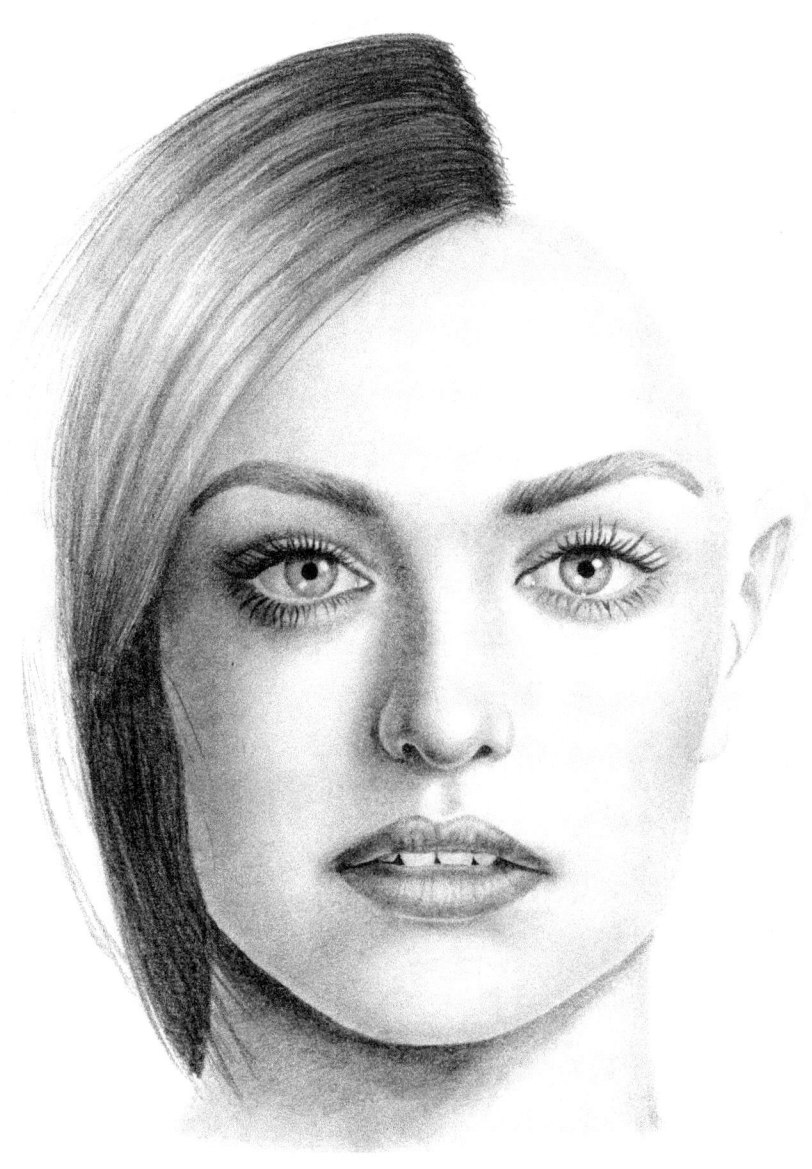

Ahora podemos dibujar el resto del cabello en el lado izquierdo, utilizando un HB. Tenemos que usar un tono más brillante para las áreas externas porque allí el corte de pelo se vuelve más claro.

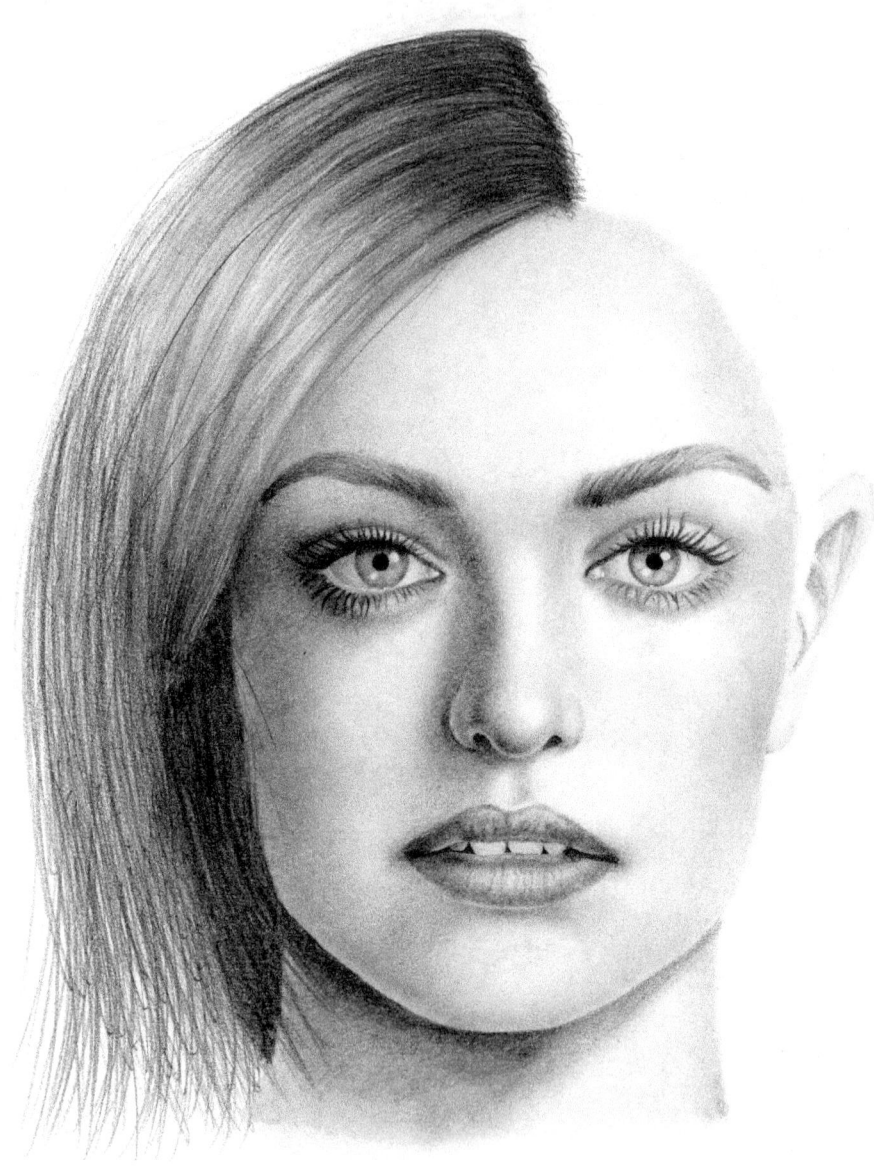

Mezcla todo, utilizando un pañuelo.

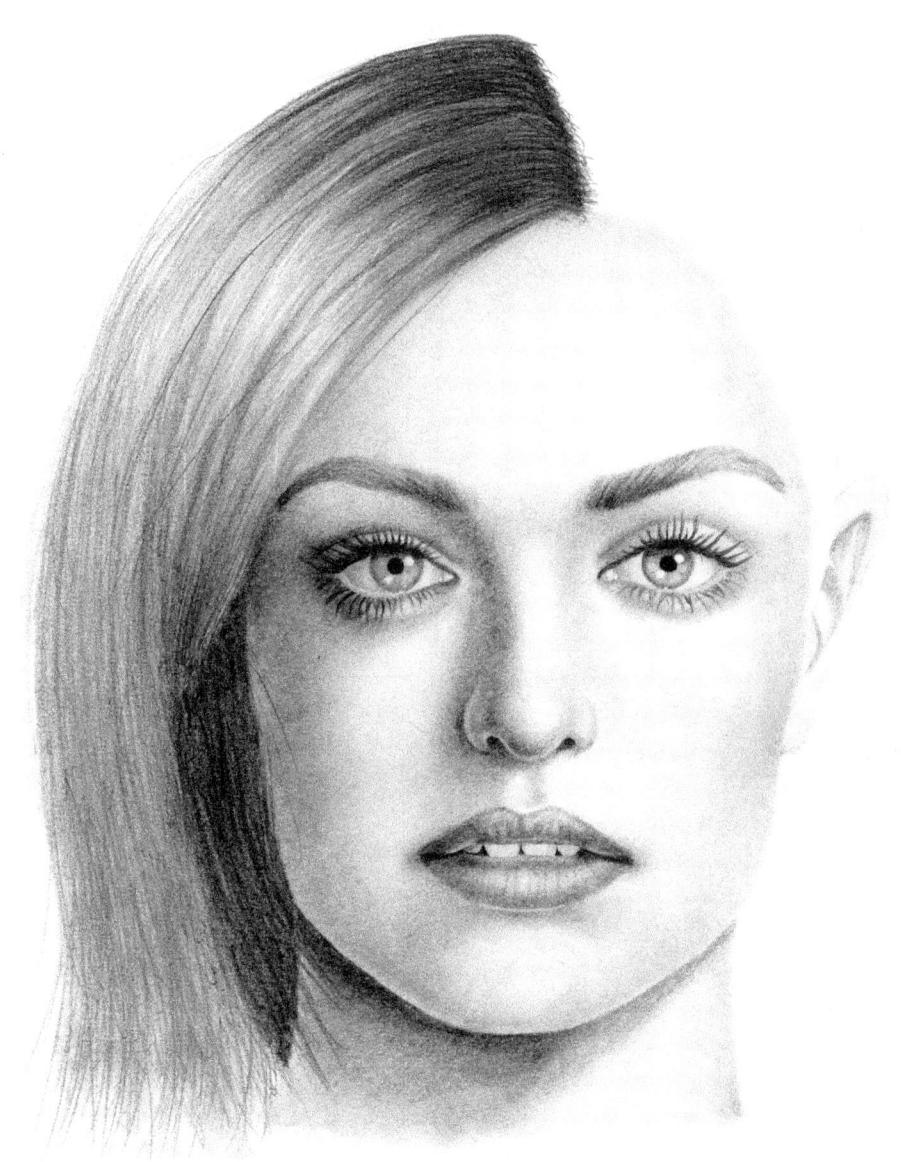

Crea los pelos resaltados con un borrador, al azar, sobre la cara y el cuello también.

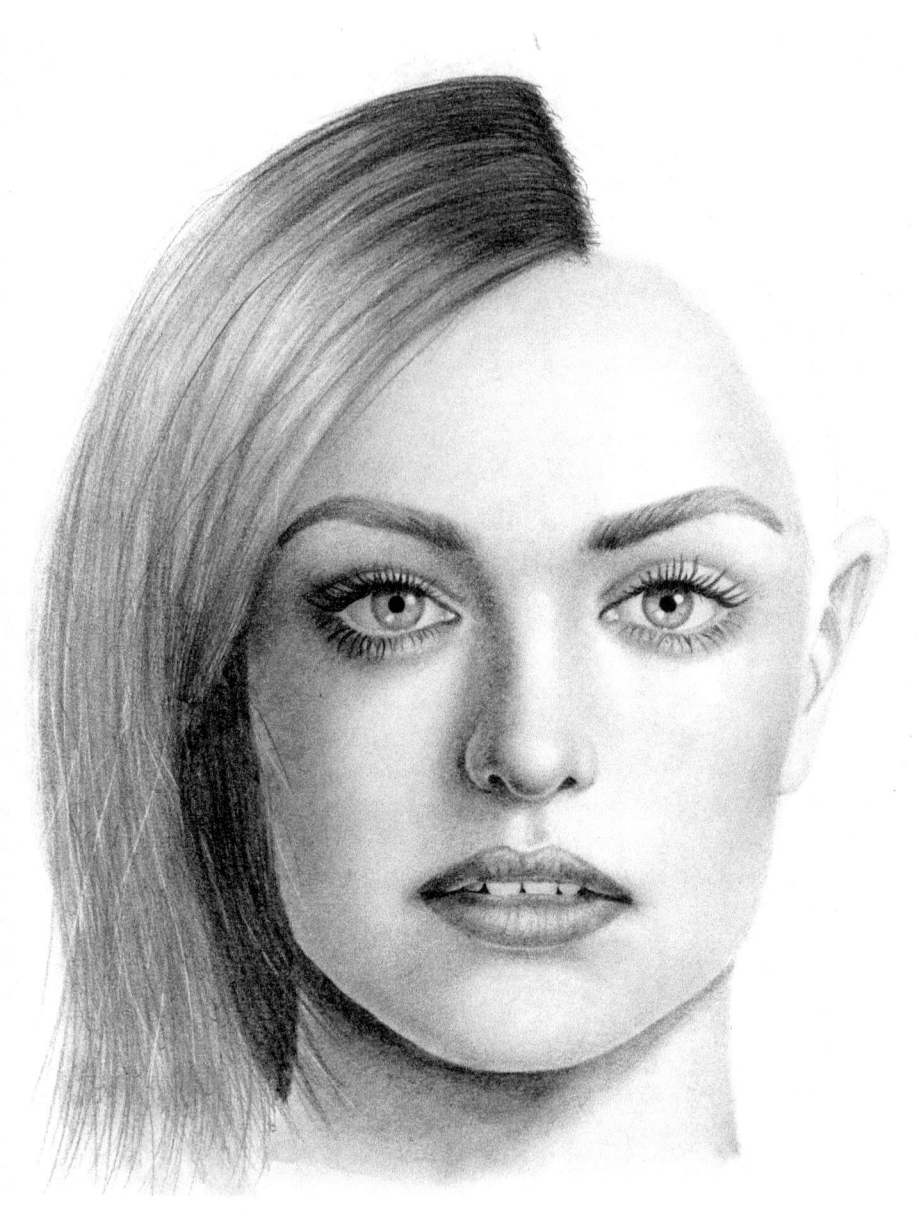

Agrega algunos pelos oscuros sobre esta área exterior, utilizando un 4B o más oscuro.

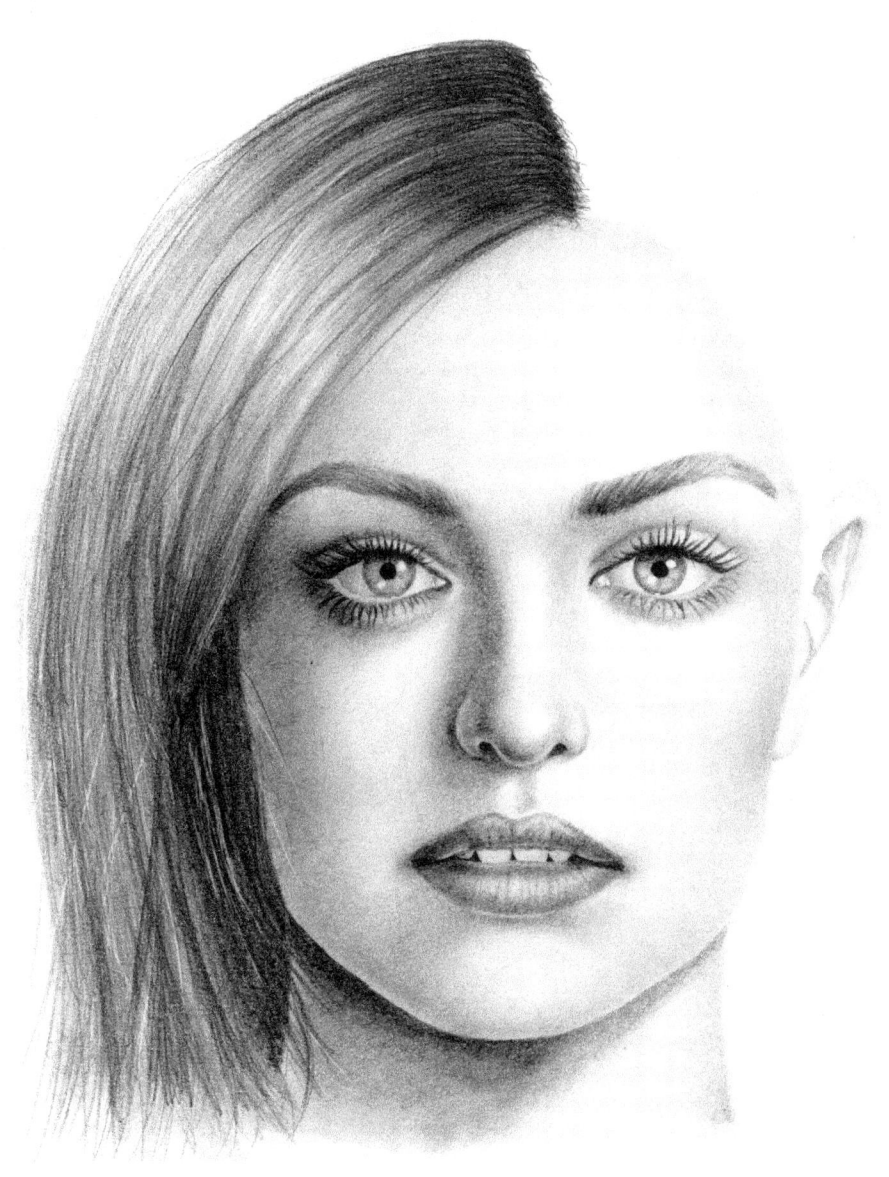

Ahora, vamos al lado derecho de la cabeza. Comienza sobre el área superior derecha y al lado de las raíces del cabello. Deja aproximadamente 1 milímetro entre las áreas para la división del cabello, la piel visible entre las dos partes del cabello. Usando una mina HB en un lápiz mecánico, dibuja las partes iniciales de los pelos, ve un poco hacia arriba y luego simplemente lo curveas hacia el lado derecho, puedes ver en la siguiente imagen lo que quiero decir.

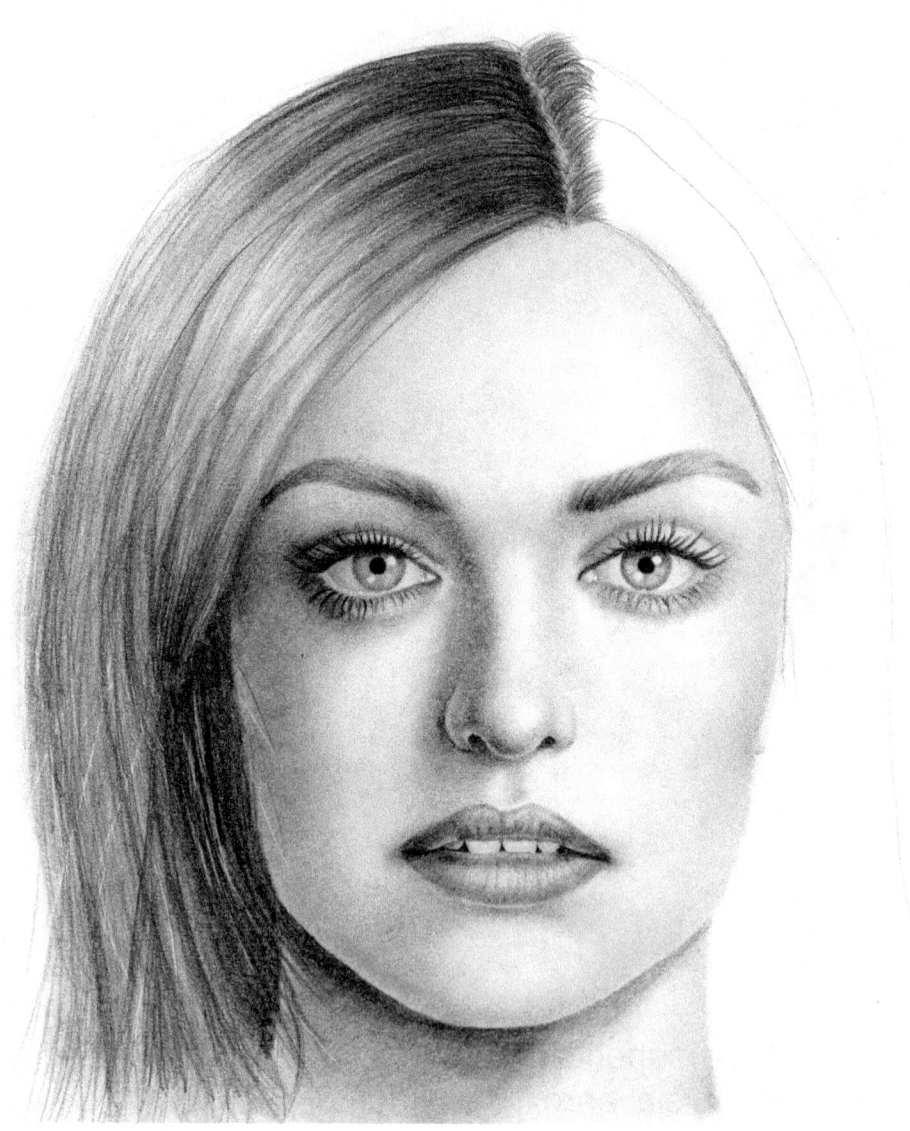

Ahora usa un 2H como una continuación de esta área, y dibuja los pelos curvados hacia abajo. También deberíamos crear puntos destacados en el área superior derecha, como se muestra en la siguiente imagen, así que presiona menos cuando te acerques al punto culminante a mitad de camino.

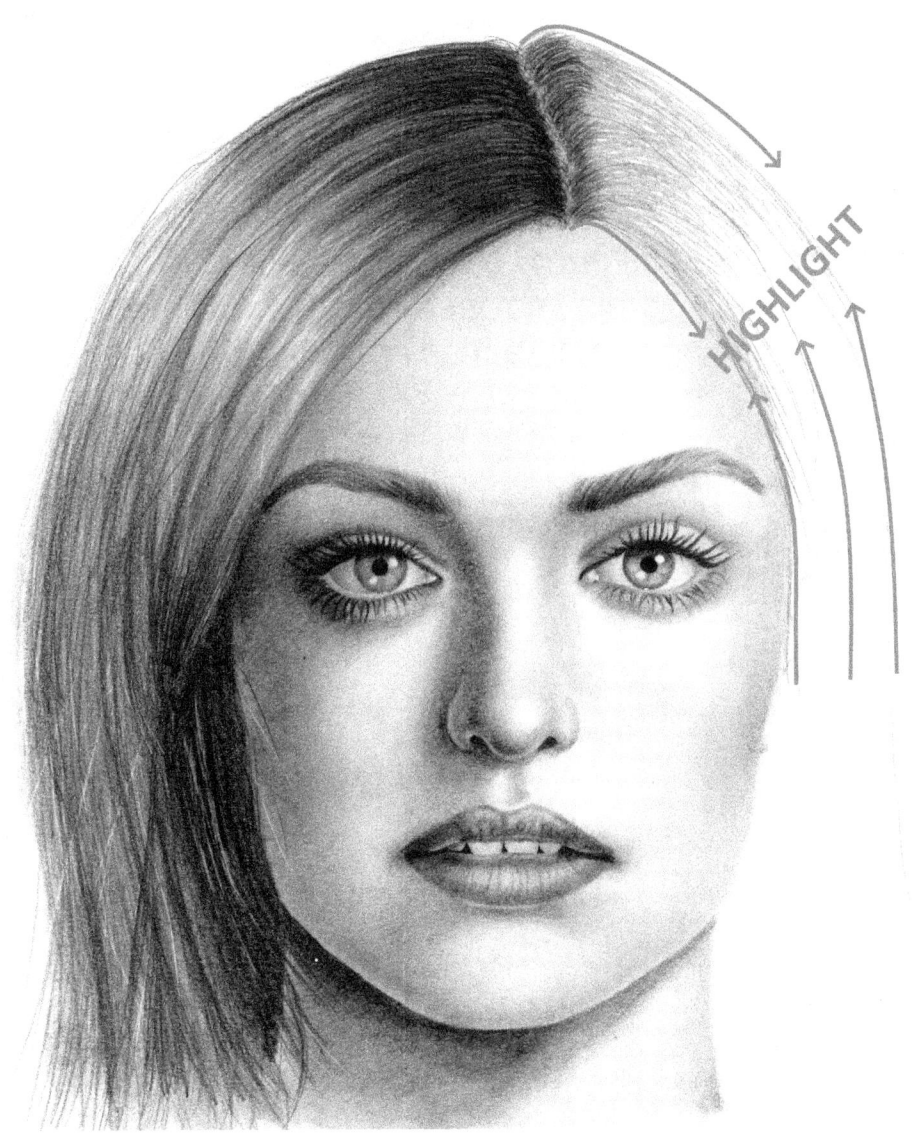

Aún utilizando una 2H, sigue las flechas de la imagen anterior y dibuja los pelos hacia el punto culminante. He eliminado mi oreja porque quiero dibujar el pelo sobre ella, pero puedes ver cómo, después de dibujar y borrar, el área de las líneas no se ve igual que en el área sin tocar. Esto es lo que mencioné cuando dije que una vez que apliques un H o un lápiz más brillante, la parte dibujada será siempre un poco más brillante de lo que sería si lo dibujaras en un pedazo de papel sin tocar.

Entonces, comienza sobre la oreja y dibuja las líneas hacia arriba, hacia este punto culminante, liberando la presión al lado del punto culminante. Por ahora, el área debajo de la oreja no es importante porque nos enfocaremos en esa área más adelante.

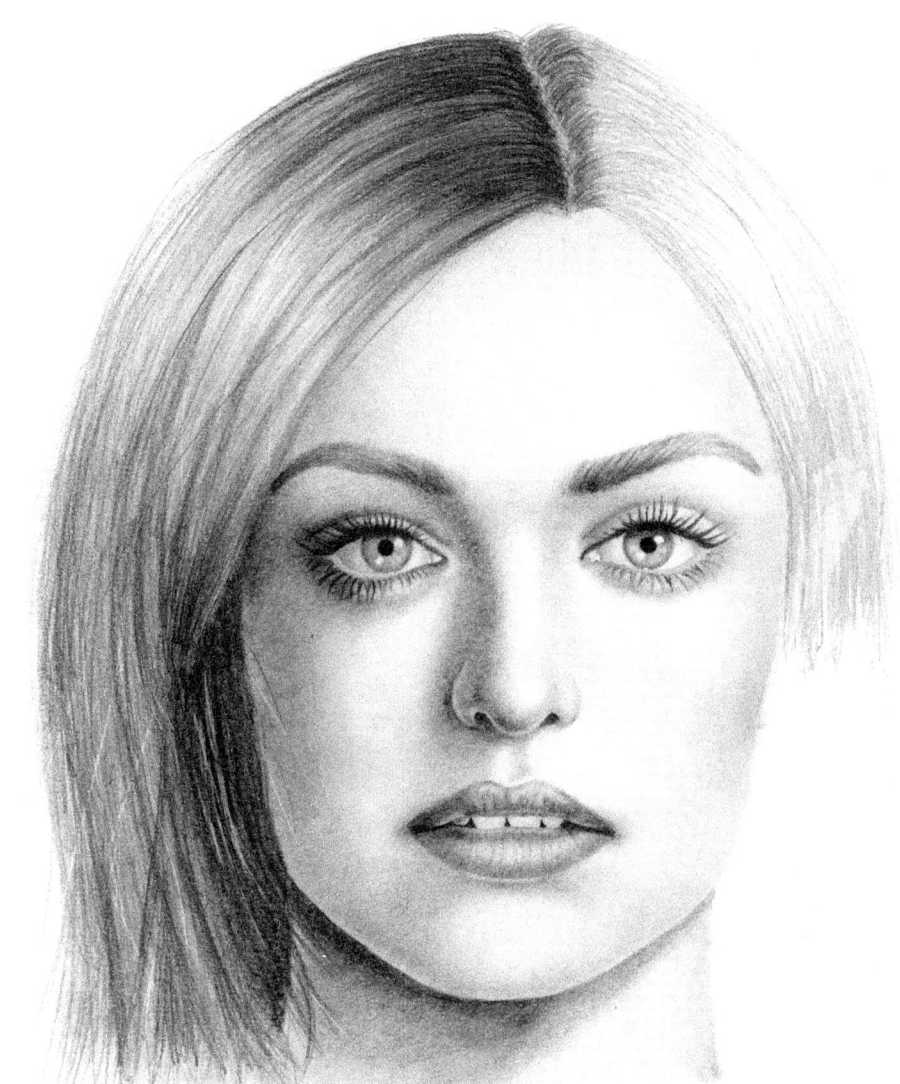

Mezcla esta área con un pañuelo.

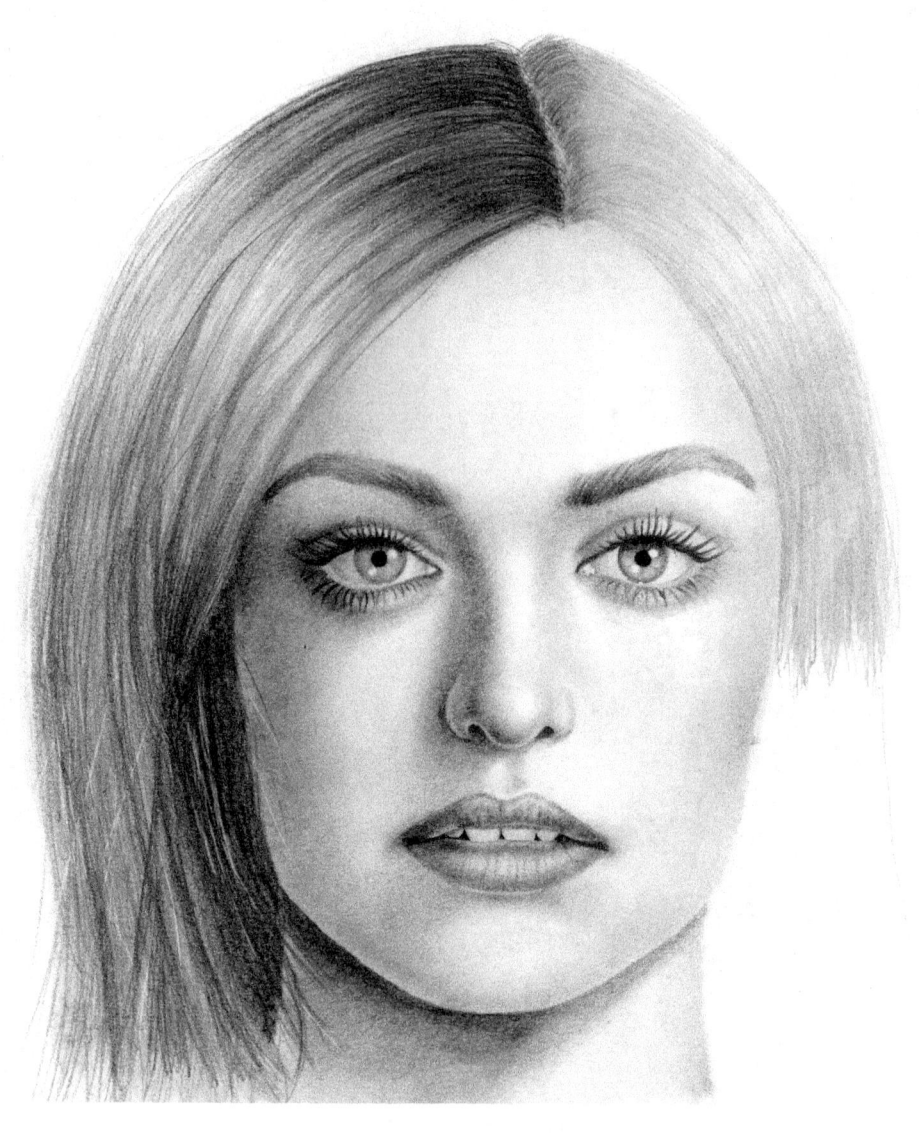

Vamos a crear unos mechones más oscuros entre el cabello, o cabello sombreado, utilizando un HB. Presiona un poco más fuerte en el área superior, como una continuación de los extremos de las líneas pequeñas y curvas que dibujaste cuando comenzaste a trabajar en el lado derecho del cabello. Repasa los aspectos más destacados también, presionando suavemente y siempre mezclando todo con un tocón de fusión. Para hacer que la oreja visible desaparezca, dibuja los trazos sobre las áreas más brillantes presionando con más fuerza y presiona menos donde la oreja no sea visible. Si aún permanece un poco visible, no es un gran problema porque a menudo podemos ver la oreja a través del cabello. Compara la imagen anterior y la siguiente para ver los cambios y observar las diferencias y lo que he hecho en este paso.

Crea una sombra proyectada sobre la frente y la sien, usando un HB, presionando ligeramente y mezclándolo con un hisopo limpio. Agrega algunos pelos que vuelen sobre la sien y la frente, con movimientos rápidos, presionando ligeramente.

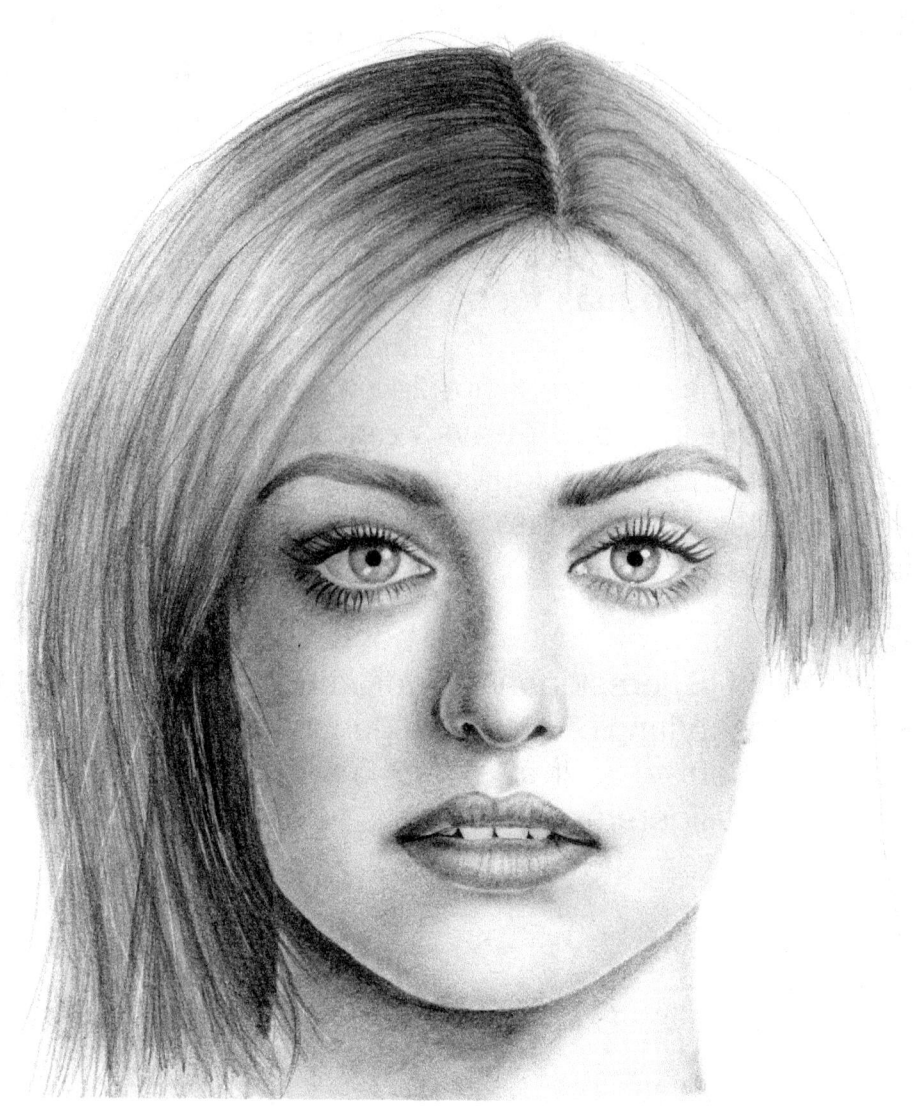

Crea algunos pelos resaltados con una parte superior afilada de un borrador, usando movimientos rápidos. Crea más de estos sobre el área resaltada.

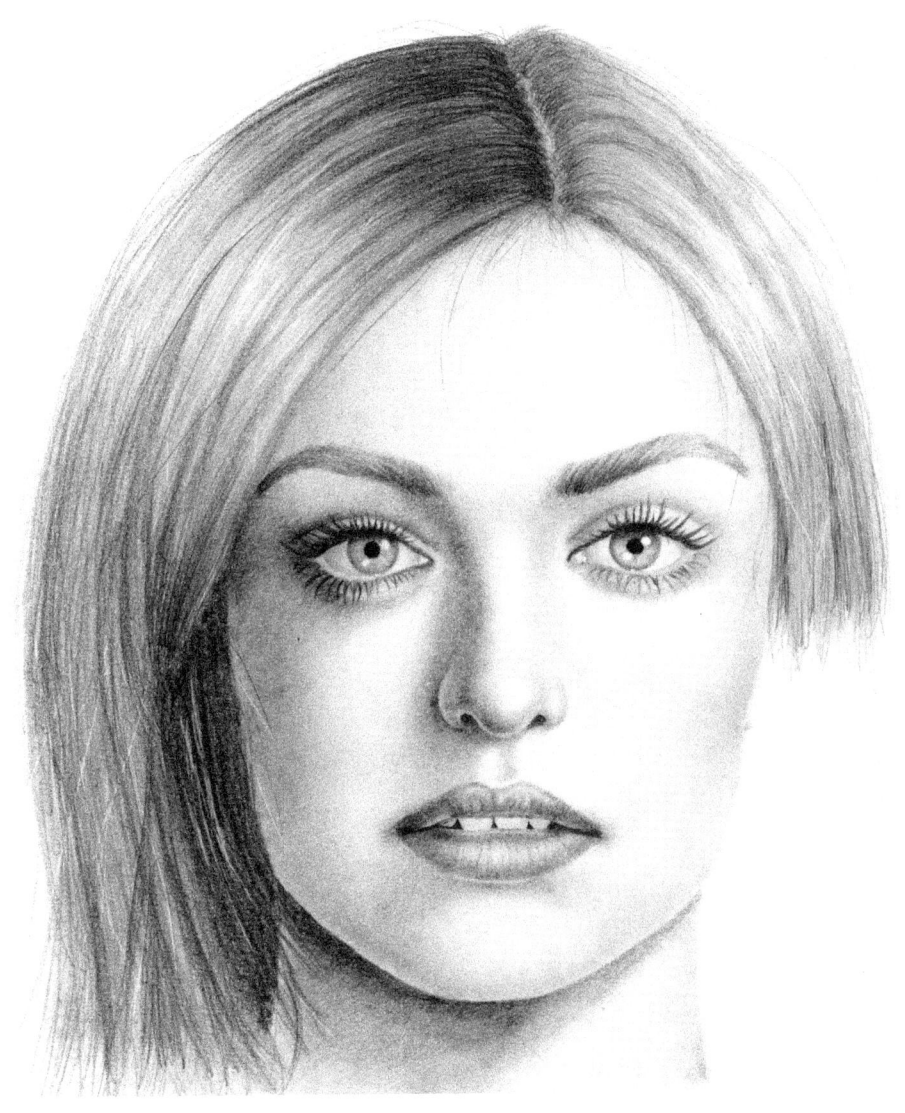

Ahora podemos terminar el pelo en el lado derecho, debajo de la oreja derecha. Comienza sobre la oreja y dibuja los pelos hacia abajo, utilizando un HB. Las terminaciones pueden ir a la izquierda o a la derecha, sobre el cuello y el fondo, al azar. El borde entre el cabello y el fondo no debe ser claro porque algunos de los pelos siempre están volando, fuera del corte de cabello.

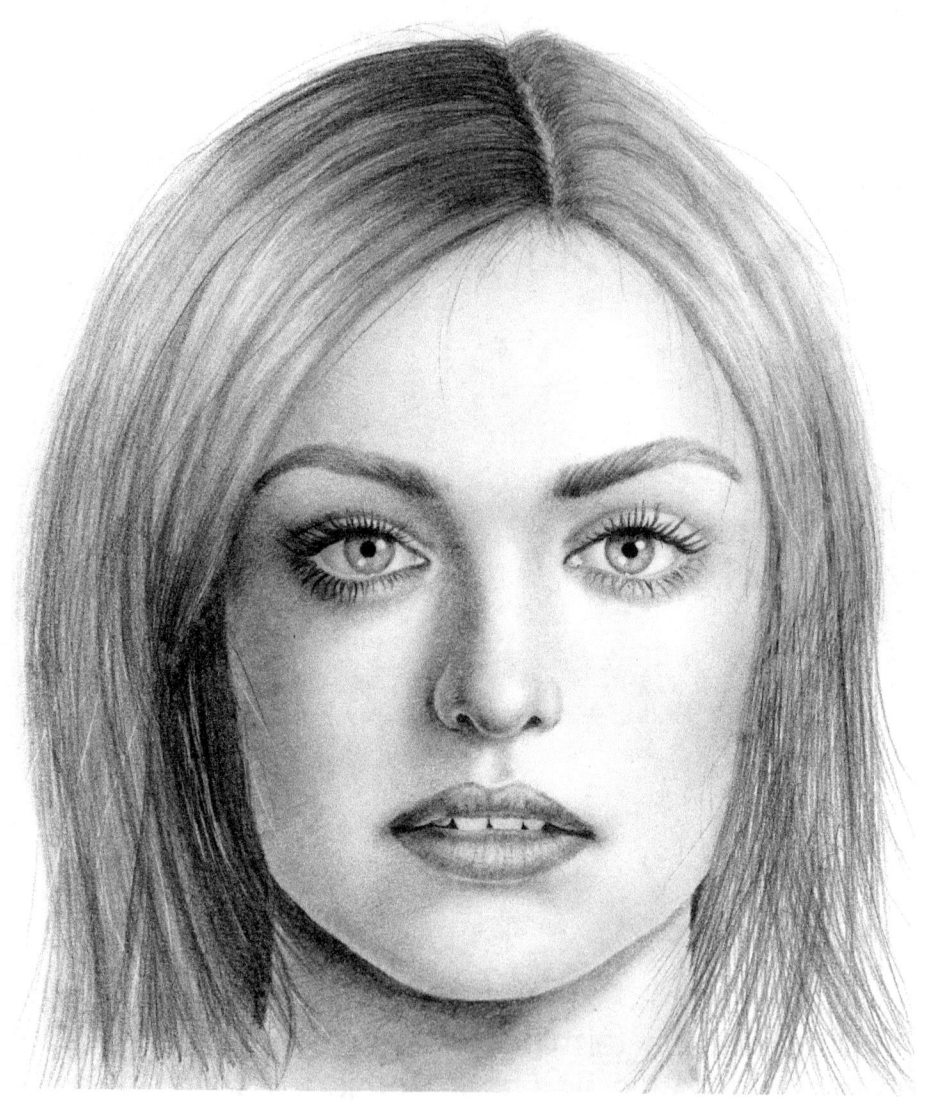

Mezcla todo con un pañuelo. Puedes ver en mi dibujo, cómo después de la mezcla, aparecieron puntos sucios que hice accidentalmente cuando olvidé colocar el papel bajo mi mano. Tendré que sombrear estos para que desaparezcan en el último paso.

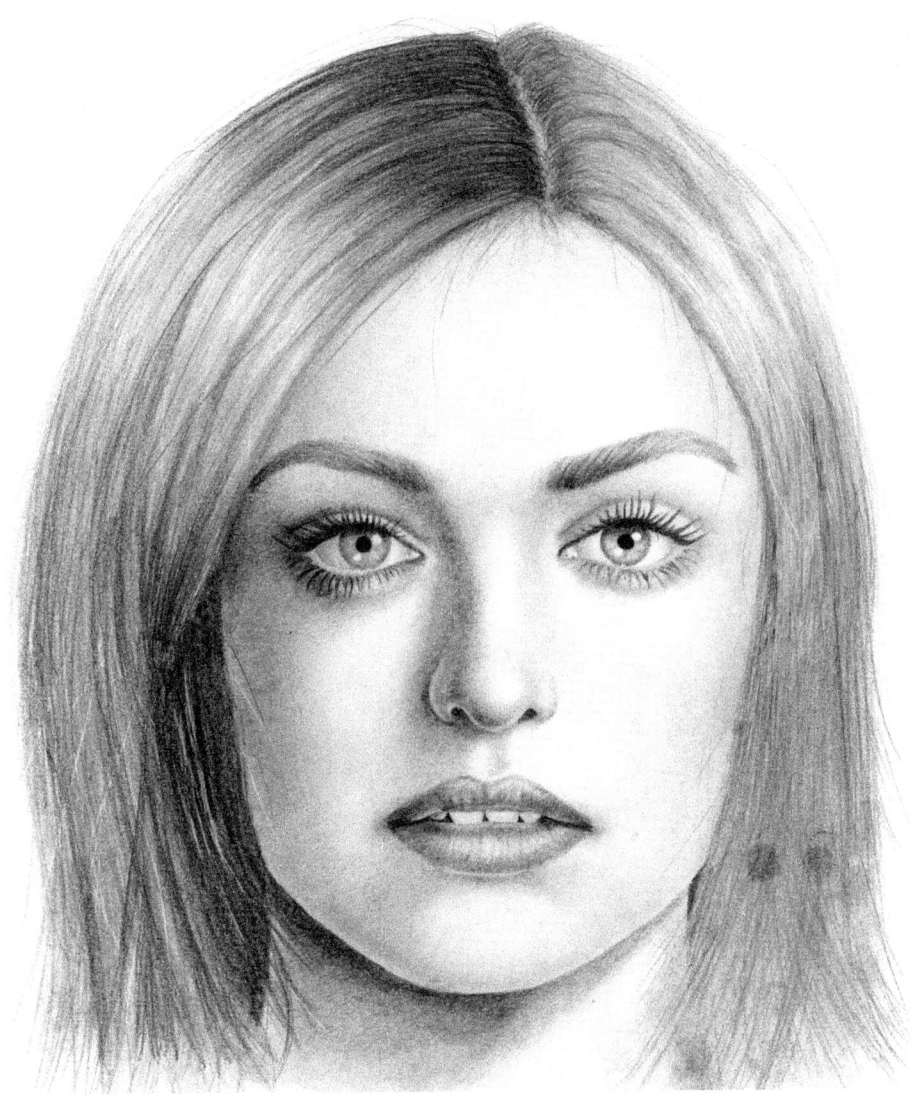

Añadir algunos pelos resaltados alrededor, al azar. Como mencioné antes, la aleatoriedad es muy importante. Y también, cuantos más tonos hayas creado en tu dibujo, mejor.

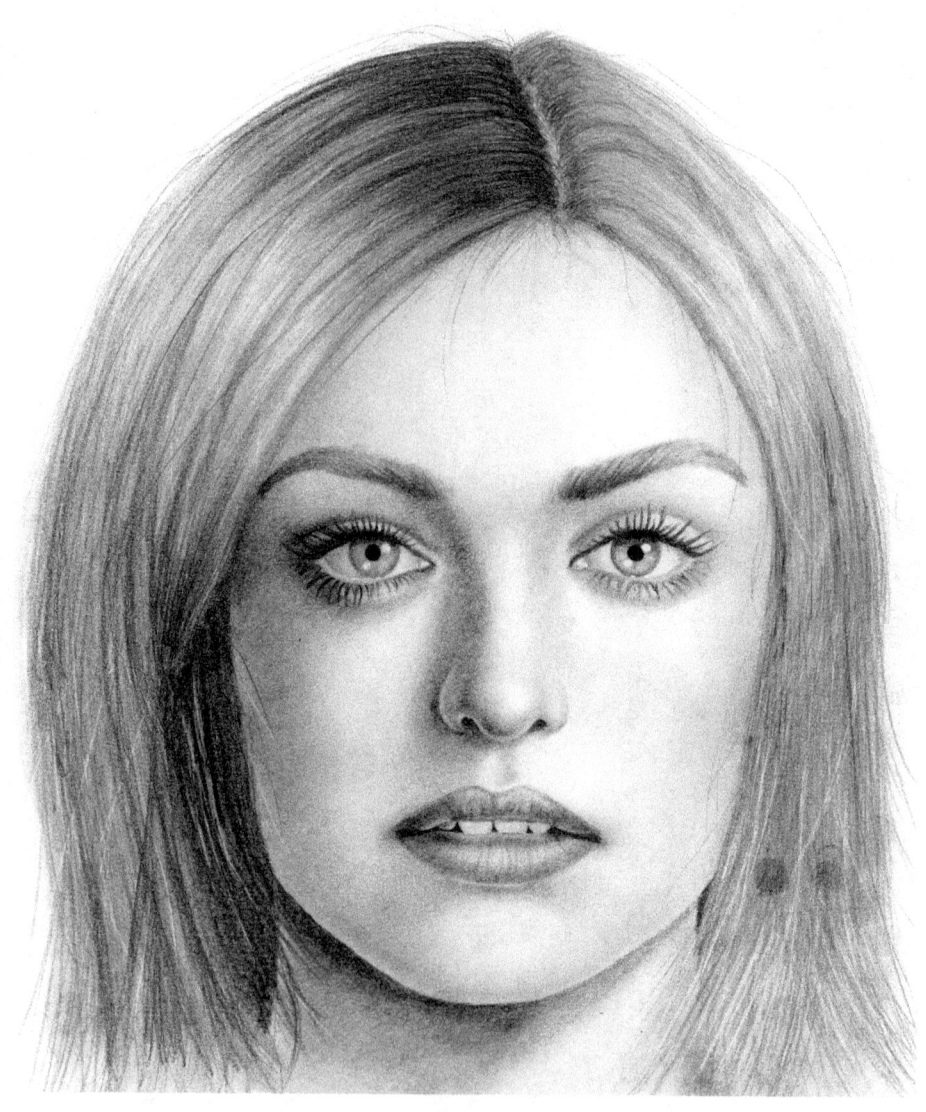

Ahora podemos terminar este dibujo agregando los pelos sombreados entre el cabello, y también tengo que sombrear los puntos para hacerlos desaparecer. Aquí, en el lado derecho, no deberíamos crear sombras demasiado fuertes, por lo que un HB es bastante oscuro, y mezclarlo con un muñón de fusión, como siempre.

Por lo tanto, este es mi retrato desde el principio. Cualquier similitud con cualquiera es una coincidencia.

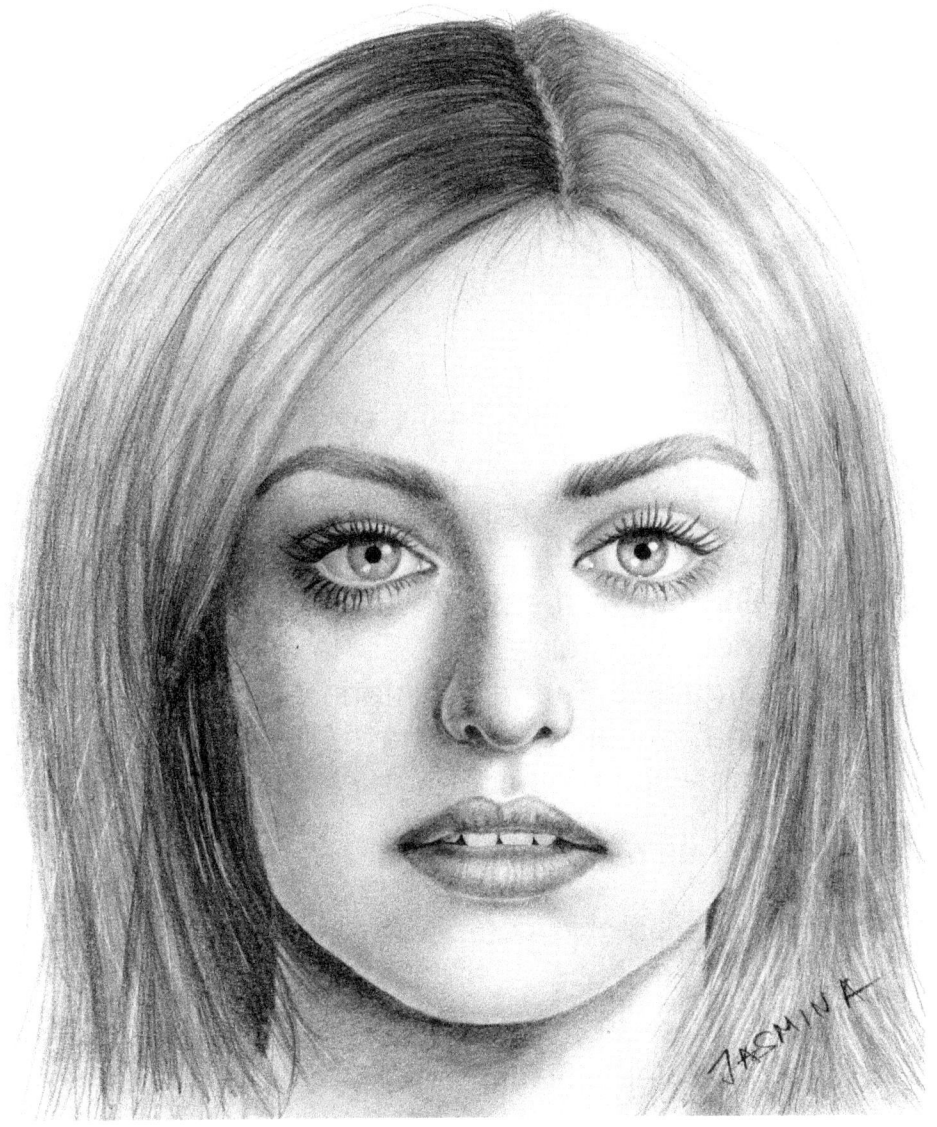

Espero que hayas disfrutado de este tutorial y que puedas sacarle el máximo provecho en tus futuros retratos. Creo que has creado algunos resultados satisfactorios y que continuarás practicando y trabajando de manera persistente.

También puedes usar el mismo tutorial para hombres y para cada retrato que vayas a dibujar. Simplemente, siempre cambia algo y experimenta con las formas y los tonos.

Espero ver tus resultados.

Tarea para ti:

Usando este tutorial, ve paso a paso nuevamente e intenta:

- Dibujar una cara masculina la próxima vez.

- Imagina que la fuente de luz proviene de la parte superior (verticalmente), de la esquina superior izquierda, de la parte inferior (en lugar de la esquina superior derecha que usamos en el tutorial) y sombrea acorde a estos.

- Dibuja una barbilla más ancha.

- Crea cejas rectas con pelos diminutos alrededor.

- Dibuja una nariz más grande y labios más finos.

- Dibuja el vello facial, el bigote y la barba, usando 2H sobre la piel resaltada, un HB sobre el tono medio y un 2B para las partes sombreadas de la piel.

- Dibuja en formato de papel A3, que es el doble más grande que el que usamos en este tutorial, para que puedas ir mucho más a los detalles y practicar. El papel más grande tomará más tiempo y podrás cultivar y desarrollar tu paciencia, lo cual es crucial para un estilo realista de dibujo.

Por lo tanto, trata de usar este tutorial de manera diferente. Espero ver tus resultados.

Sobre el Autor

Jasmina Susak es autodidacta, artista de lápices de grafito y de color, profesora de arte y autora de más de 17 libros acerca de cómo dibujar. Se especializa en crear dibujos fotorrealistas de animales, personas, superhéroes y objetos cotidianos.

Jasmina se graduó y trabajó como modista durante muchos años. Ahora, ella es una artista libre y autónoma. Es su trabajo a tiempo completo, y lo ha estado haciendo profesionalmente desde el año 2011.

Jasmina tiene cientos de miles de seguidores y suscriptores en las redes sociales, y sus videos de dibujo tienen decenas de millones de visitas en todo el mundo.

Jasmina ama los animales, la ciencia, la astronomía, la tecnología, el diseño web, la lectura y la música.

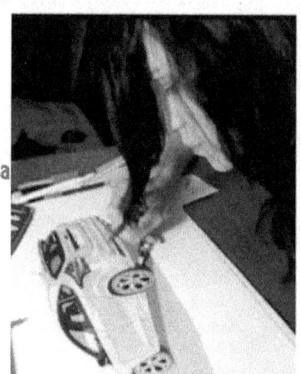

Visite su sitio web para obtener más tutoriales, para ver su galería de dibujo, impresiones artísticas y más.

www.jasminasusak.com